La face cachée de l'ONU

Ouvrages du même auteur

O comunismo e o futuro da Igreja no Brasil, Herder, São Paulo, 1963.
O desafio da secularização, Herder, São Paulo, 1968.
Chrétienté en contestation : l'Amérique latine, Le Cerf, Paris, 1969.
Destin du Brésil. La technocratie militaire et son idéologie, Duculot, Gembloux, 1973.
La Provocation chinoise, Le Cerf, Paris, 1973. (Traduction italienne.)
L'Avortement, problème politique, Université catholique de Louvain, Département de Science politique, 1re éd., 1974; 2e éd. revue et augmentée, 1981. (Traductions italienne et anglaise.)
Demain, le Brésil ?, Le Cerf, Paris, 1977. (Traduction espagnole.)
Droits de l'homme et technocratie, CLD, Chambray-lès-Tours, 1982.
Démocratie et libération chrétienne. Principes pour l'action politique, Lethielleux, Paris, 1986.
Maîtrise de la vie, domination des hommes, Lethielleux, Paris, 1986. (Traductions brésilienne et anglaise.)
Théologie et libération. Questions disputées, Le Préambule, Longueuil, Québec, 1987.
L'Enjeu politique de l'avortement, 2e éd., O.E.I.L., Paris, 1991. (Traductions espagnole, italienne, polonaise et brésilienne; traduction russe en préparation.)
De « Rerum Novarum » à « Centesimus Annus », éd. du Conseil pontifical Justice et Paix, Cité du Vatican, 1991. (Avec R. Aubert.) (Traduction brésilienne.)
Initiation à l'Enseignement social de l'Église, L'Emmanuel, Paris, 1992. (Traductions espagnole, slovaque, italienne, anglaise et chinoise.)
Bioéthique et Population, Le Sarment-Fayard, Paris, 1994. (Traductions espagnole, italienne, slovaque, anglaise, portugaise et allemande; traduction chinoise en préparation.)
El imperialismo contraceptivo, ALAFA, Caracas, VHI, Miami, 1994.
La Dérive totalitaire du libéralisme, 2e éd., Mame, Paris, 1995. (Traduction anglaise; traductions italienne, espagnole et portugaise en préparation.)
Pour comprendre les évolutions démographiques, 2e éd., Université de Paris-Sorbonne, APRD, Paris, 1995. (Traduction espagnole.)
L'Évangile face au désordre mondial, 2e éd., Fayard, Paris, 1998. (Traductions anglaise, espagnole et italienne.)
Le crash démographique, Le Sarment-Fayard, Paris, 1999. (Traductions anglaise, allemande, portugaise, espagnole et italienne en préparation.)

Liste des sigles

AMI :	Accord Multilatéral sur les Investissements.
CPI :	Cour pénale internationale.
ECOSOC :	Conseil économique et social des Nations Unies (New York).
FAO :	Food and Agricultural Organization (Rome).
FNUAP :	Fonds des Nations Unies pour la Population (New York).
ILO :	Organisation internationale du Travail (Genève).
IPPF :	International Planned Parenthood Federation (Londres).
NAMBLA :	North American Man/Boy Love Association.
OCDE :	Organisation de Coopération et de Développement Économique (Paris).
OMS :	Organisation mondiale de la santé (Genève).
ONG :	Organisations non gouvernementales.
ONU :	Organisation des Nations Unies (New York).
PNUD :	Programme des Nations Unies pour le Développement (New York).
UNESCO :	Organisation des Nations Unies pour l'Éducation, la Science et la Culture (Paris).
UNICEF :	Fonds des Nations Unies pour l'Enfance (New York).
UNIDO :	Organisation des Nations Unies pour le Développement industriel.

INTRODUCTION

L'ONU et ses « Lumières »

Toutes les grandes révolutions se sont faites contre le pouvoir absolu, arbitraire et tyrannique. Toutes se sont faites au nom de la dignité de l'homme, que des puissances despotiques bafouaient.

Tous les grands documents déclarant les droits de l'homme sont le fruit d'une prise de conscience progressive de la dignité inaliénable de tous les hommes et tous, cependant, sont nés au prix de beaucoup de souffrances et de beaucoup de larmes.

D'un despotisme à l'autre

Ainsi, l'histoire moderne a connu le *despotisme éclairé*. Le despote prétendait avoir le privilège de jouir des lumières de la Raison, inaccessibles au commun des mortels. Sa volonté était la source de la loi. Son pouvoir était absolu : il n'avait point de compte à rendre au peuple.

Héritières misérables de ces despotismes sont certaines *dictatures* dérisoires qui fleurissent à l'époque contemporaine.

Elles règnent par la terreur simple, la corruption, la concentration de tous les pouvoirs, le cynisme et la brutalité. Despotisme précaire que celui-ci, puisqu'il peut à tout moment être renversé.

Le despotisme survit aussi dans les régimes *autoritaires*. Dans ceux-ci, le « despote » – concrètement : un individu ou une minorité – a la hantise de sa sécurité face à un ennemi désigné. Quelques havres de liberté subsistent parfois dans la vie économique, plus rarement dans la vie intellectuelle et culturelle, mais il est interdit d'exprimer une quelconque opposition politique. Le régime autoritaire favorise l'hypocrisie : dans votre for intérieur, vous pouvez penser ce que vous voulez ; il suffit de ne pas être opposant, d'avoir l'échine souple. Bref, ce qui est requis c'est la soumission extérieure.

Dictatoriaux ou autoritaires, ces régimes despotiques ne s'embarrassent guère de constructions idéologiques compliquées pour se justifier. Pourvu qu'ils aient la force, qu'ils ne regardent pas aux moyens, qu'ils n'hésitent pas à recourir à la violence, qu'ils aient une police efficace, ils n'ont guère besoin de se fabriquer des légitimations. Toute coquetterie idéologique est ici pratiquement superflue.

Au XXe siècle, le *totalitarisme* a poussé le despotisme classique – dictatorial ou autoritaire – à son point d'incandescence. Ce qui n'était que despotisme minable ou artisanal, et donc souvent éphémère, cède la place à un despotisme d'un professionnalisme haut de gamme.

Les trois premiers totalitarismes du XXe siècle – communisme, fascisme, nazisme – ont dès à présent pris place au panthéon des classiques de la perversité. Bien sûr, on recueille les recettes du passé : abus de pouvoir en tout genre, violence, goulags, terreur, répression, suspicion, corruption, etc. Quelque chose de plus est cependant ajouté. Non un simple ingrédient supplémentaire, mais quelque chose d'essentiel.

Le totalitarisme résulte du funeste concours, de la convergence entre la tendance quasi générale à accepter volontairement la servitude et l'offre de produits idéologiques du meilleur effet domesticateur. La dictature, l'autoritarisme : on les supporte, on s'y oppose; le cas échéant, on s'insurge contre eux. Le totalitarisme, lui, anesthésie le *moi*, subjugue les corps, colonise les esprits et fait scintiller les charmes de l'esclavage consenti. L'idéologie totalitaire est la drogue qui tue la capacité de discerner le vrai du faux, le bien du mal, et qui inocule un ersatz de vérité, habituellement sous forme d'utopie.

Quels Droits de l'Homme ?

Au terme d'une triple expérience totalitaire, les hommes ont eu la sagesse de se ressaisir. Ils ont posé la question essentielle : pourquoi ? Pourquoi tant de violence, de méchanceté, de larmes ? La réponse fut donnée en 1948 dans la Déclaration universelle des droits de l'homme. Pour éviter de tels désastres, les hommes devaient reconnaître qu'ils étaient tous égaux en dignité, qu'ils avaient tous les mêmes droits, et que ces droits devaient être promus et protégés par les États et par la Communauté internationale. C'est sur cette base que se trouvent définies la responsabilité de l'ONU en matière de droits de l'homme, ainsi que sa mission de paix et de développement.

Il est cependant surprenant de constater que, depuis quelque cinquante ans, l'ONU s'est progressivement éloignée de l'esprit de ses origines et de la mission qui lui avait été confiée. Cette évolution s'est faite, en partie, sous l'influence de la Charte de San Francisco (1945). Parfois sur des points essentiels, mais trop rarement relevés, ce document fondateur de l'ONU diffère de la Déclaration de 1948. Pour faire bref : la Charte de 1945 doit beaucoup au positivisme juridique : seules valent les règles du droit positif, émanant de la volonté du législateur ; la Déclaration de 1948 se fonde, elle, sur des principes généraux reposant à leur tour sur la nature des choses. Ces principes, métajuridiques, sont connus par la raison et permettent de critiquer la loi positive. Sous l'influence de cette dualité d'inspiration, mais aussi sous celle de nombreux autres facteurs, la Déclaration de 1948 tend imperceptiblement à être réduite à un document ringard et dépassé. Cette Déclaration, et les législations particulières que celle-ci a inspirées, sont de plus en plus coiffées par d'étranges « nouveaux droits de l'homme ». L'ONU et certaines de ses agences se comportent en effet de plus en plus ouvertement *comme si* elles avaient reçu mandat pour élaborer une *conception* des droits de l'homme radicalement différente de celle qui s'exprimait en 1948.

La Déclaration universelle était anthropocentrique. Elle reconnaît qu'au centre du monde et au cœur du temps il y a l'homme, raisonnable, libre, responsable, capable de solidarité et d'amour. Désormais – selon l'ONU – l'homme est une parcelle éphémère dans le cosmos. Il n'est plus au cœur d'un temps ouvert à un au-delà ; il est le produit d'une évolution ; il est fait pour la mort. Il n'est plus une personne, mais un individu plus ou moins utile et en quête de plaisirs. Les hommes ne sont plus capables de reconnaître la vérité et d'y accorder leur conduite ; ils négocient, décident selon une arithmétique des intérêts et des jouissances. Triomphe éphémère de consensus toujours renégociables et dès lors perpétuellement en sursis.

Telle est la source principale des soi-disant « nouveaux droits de l'homme ». Ils ne sont plus reconnus ou déclarés ; ils sont négociés ou imposés. Marchandés. Ils sont l'expression de la volonté des plus forts. Les valeurs elles-mêmes sont le simple reflet des préférences, de la fréquence des choix.

L'idéologie nouvelle qui sous-tend ces soi-disant « nouveaux droits » est *holistique*. Tout est dans tout : l'homme n'a de réalité qu'en raison de son insertion dans la Terre-Mère, Gaïa, qu'il devra révérer. L'homme doit donc accepter les contraintes que lui impose un écosystème qui le transcende. Il faudra qu'il accepte une technocratie supranationale qui, s'inventant des « Lumières », dictera aux États ce qu'ils doivent faire, et aux individus ce qu'ils doivent penser.

Dans ce bric-à-brac holistique hallucinant, chaque thème renvoie à tous les autres comme dans un jeu de miroir. Qu'on en juge : lorsqu'on parle de pauvreté, on est renvoyé à la population, et de là au « développement durable », de là à l'environnement, de là à la sécurité alimentaire, de là à la « santé publique » où la santé du corps social l'emporte sur celle des personnes, de là à l'euthanasie, de là à de nouvelles formes d'eugénisme, de là au féminisme radical, de là au « genre », de là à la famille, de là à la « santé reproductive », de là à l'avortement, de là aux soins de santé primaires, de là à l'éducation sexuelle, de là aux « nouveaux droits de l'homme », de là à l'homosexualité, de là au désamorçage des objections pouvant émaner de gouvernements nationaux divergents, de là à la dénonciation des « nouvelles formes d'intolérance », de là à de nouveaux tribunaux, de là au renforcement du rôle et des pouvoirs de l'ONU, de là aux changements des législations nationales, de là à l'augmentation des moyens dont disposent les agences internationales, de là au conditionnement de l'« aide », de là à l'association de certaines ONG aux programmes des agences de l'ONU, de là à la consolidation du consensus, de là à la nécessité d'urger le « respect des engagements », de là à l'occultation des nombreuses réserves émises par les participants aux conférences, de là à la nécessité d'un groupe de travail qui coordonnera partout les actions sur le terrain, de là à la mise sous tutelle d'États souverains sous prétexte de lutter contre la pauvreté et en fait pour contrôler la croissance de la population, etc. : nous sommes au rouet. C'est comme dans le *Canon* de Pachelbel ou dans la *Lambada* : on peut y entrer à n'importe quel moment et par n'importe quelle porte. Le maillon que l'on choisit pour s'engager dans cette chaîne n'a pas plus d'importance que l'ordre selon lequel les modules sont disposés ; les thèmes s'enchevêtrent comme des ensembles et des sous-ensembles. Holisme oblige : vraiment, tout est dans tout.

Les « Lumières » de l'ONU

Nous allons entrer dans ce bazar par la porte des soi-disant « nouveaux droits de l'homme ». Nous serons vite amenés à constater que, par ce thème, l'ONU est en train de *subvertir* les communautés nationales et internationales. Plus grave encore : elle veut déprogrammer l'homme et le reprogrammer. Convaincue d'être porteuse de nouvelles « Lumières », *l'ONU a pris la tête d'une entreprise de domestication idéologique sans précédent*. L'agent principal de cette entreprise insidieuse, c'est le Fonds des Nations Unies pour la Population (FNUAP) dont le cynisme communicatif déteint sur toute l'Organisation[1]. Cette agence entraîne toute la machine onusienne dans l'entreprise totalitaire la plus délirante de l'histoire.

Dans son rapport annuel sur *L'État de la Population mondiale 1998*[2], cette agence funeste doit bien concéder que la fécondité tend à chuter partout. Cela ne l'empêche cependant

1. La visite du site peut commencer par <http://www.unfpa.org>

2. New York, Éd. du FNUAP, 1998. Tous les thèmes habituels du FNUAP se retrouvent dans *L'état de la population mondiale. 2000,* publié par Nafis SADIK (éd.) sous le titre *Vivre ensemble dans des mondes séparés. Hommes et femmes à une époque de changement,* New York, FNUAP, 2000. À propos de ce rapport, voir l'interview donnée par Mary Ann GLENDON, sous le titre « La ONU no afronta las razones de la discriminación femenina », dans <semanal1@zenit.org> du 25 septembre 2000.

pas de réchauffer son fricot habituel selon lequel il y a trop de Noirs, trop de Jaunes, trop de Latino-Américains, trop de pauvres inutiles, et qu'au nom des soi-disant « nouveaux droits de l'homme » il faut mettre bon ordre à tout ça. Si rien n'est fait, de tels programmes de discrimination manifeste finiront tôt ou tard par entraîner l'ONU à sa confusion et à sa perte.

Nous avons déjà consacré plusieurs travaux aux thèmes ici abordés. La particularité de la publication que voici est de montrer *comment tous ces thèmes s'articulent autour de deux pôles* : le *holisme*, qui entend faire échec à l'anthropocentrisme traditionnel, et les soi-disant « *nouveaux droits de l'homme* », issus par consensus d'une arithmétique individualiste des intérêts et des plaisirs. Cet accouplement du holisme et de l'individualisme donne lieu à la formation, sous nos yeux, d'une idéologie hybride monstrueuse. Le holisme, en effet, pousse à son paroxysme la dérive totalitaire du socialisme. Quant à l'individualisme, il pousse à son paroxysme la dérive totalitaire du libéralisme.

Le drame, c'est que cette subversion, à la fois anthropologique, morale et politique, ne soit guère perçue. Le premier objectif du présent ouvrage est d'ouvrir les yeux face à ce *totalitarisme sournois*, qui, procédant à petit pas, est déjà solidement implanté et entend s'imposer à l'horizon du nouveau millénaire. Le deuxième objectif est de proposer une parade à cet abus de pouvoir, à cette démesure de l'ONU. Dans cette parade, un rôle primordial échoit à la famille. Cible de choix des idéologues des soi-disant « nouveaux droits de l'homme », la famille brille ainsi comme un signe d'espérance dans un monde qui décidément a besoin de réapprendre à aimer.

Première partie

L'EMPIRE DU CONSENSUS

CHAPITRE PREMIER

Droits de l'Homme et démocratie

L'année 1998 a été marquée par le cinquantième anniversaire de la *Déclaration universelle des Droits de l'Homme*, adoptée et proclamée à Paris le 10 décembre 1948. Pour bien comprendre l'importance de ce document, il faut le situer dans la tradition dont il est le plus beau fleuron, dégager la signification et la portée des principes qui y sont énoncés, dévoiler les détournements de sens mettant en péril ce texte majeur et enfin alerter sur les conséquences dramatiques auxquelles peut conduire la conception des « nouveaux droits de l'homme » présentés sous la bannière de l'ONU.

Dans cette analyse, nous nous placerons avant tout du point de vue de la philosophie politique.

Avant de développer ces points, rappelons qu'au niveau européen, la Déclaration a donné lieu, dès le 4 novembre 1950, à la Convention européenne de sauvegarde des droits de l'homme. Ce texte reprend des droits fondamentaux déclarés en 1948, y compris ceux relatifs à la famille. Mais il s'agit à présent d'un document de droit positif, que la Cour européenne des droits de l'homme, dont le siège est à Strasbourg, est appelée à faire respecter[1].

LA DÉMOCRATIE FORMELLE

L'étude comparée des institutions

Les études sur la démocratie sont fréquemment caractérisées par le souci de comparer les mérites de différents régimes. Selon des critères variables, on établit des typologies et on ébauche un palmarès couronnant les régimes censés être plus démocratiques que d'autres. Pour arriver à établir cette classification, on recourt à certains *paramètres* qu'on analyse et que l'on jauge. On distingue par exemple démocratie directe ou indirecte, présidentielle ou parlementaire. On tient compte de l'origine du pouvoir, de la définition de l'électeur et de l'extension de cette notion, du type de suffrage, du mode d'élection, de la représentativité des élus, de la constitution, du mode de désignation des gouvernants, des contrôles exercés sur eux, de la façon de rendre la justice, du choix et de l'indépendance des juges, du poids de l'opinion publique ou des groupes de pres-

1. Les principaux documents portant sur les droits de l'homme ont été recueillis par Michel HERODE (*et al.*) sous le titre *Droits humains. Textes de base. 1789-1997*, Bruxelles, Coordination pédagogique « Démocratie ou Barbarie » de la Communauté française de Belgique <democratie.barbarie@cfwb.be>; Éd. Buch, 1998; Distribution Arots <arots@compuserve.com>; le texte de la Convention européenne des droits de l'homme se trouve pp. 222-224. Il a fallu attendre le 3 mai 1974 pour que la France ratifie cette convention. Les documents antérieurs à 1789 méritent toujours d'être étudiés. On les trouve dans le recueil de Maurice DUVERGER, *Constitutions et documents politiques*, Paris, PUF, 1964.

sion, du respect des minorités, de la séparation des pouvoirs, de la liberté d'expression et de mouvement, etc.

Tous les manuels décrivant la société et les institutions grecques mentionnent certes l'esclavage mais s'empressent aussitôt de célébrer la démocratie athénienne. Jusqu'à l'époque contemporaine, des régimes incontestablement totalitaires se sont efforcés de se donner des constitutions ou des lois répondant à certains critères de la démocratie formelle.

Un autre débat

Cependant, ainsi que Marx et Tocqueville l'ont remarqué – chacun à sa façon, il est vrai –, la démocratie formelle, coulée dans des institutions, ne permet pas de préjuger de *l'aloi* démocratique d'une société, même là où, à la fois par pléonasme et par antiphrase, cette même société s'auto-qualifie de démocratie populaire.

L'étude comparée des institutions est donc utile et indispensable, mais elle présente un intérêt limité pour l'analyse de ce qui est essentiel à la démocratie. Il en va du reste de même dans d'autres domaines : l'analyse comparée des législations sociales ne permet pas de préjuger des services sociaux effectivement disponibles dans les sociétés que l'on compare.

Ces études comparées portant sur les modèles institutionnels de démocraties continuent, à juste titre, à passionner les chercheurs. Cependant, un débat peut en cacher un autre. Sans toujours être mesuré à sa juste importance, un débat nouveau, considérable, se déroule actuellement; il porte sur les *rapports entre démocratie et droits de l'homme*. Ce débat se reflète surtout dans la pratique politique, diplomatique et juridique, à l'intérieur des nations et plus encore sur la scène internationale. Il donne lieu également à une thématisation discrète, peu perçue dans le grand public, mais dont les enjeux sont capitaux.

Les Droits de l'Homme dans la tradition réaliste

Dans sa forme contemporaine, ce débat est issu de la Seconde Guerre mondiale. La *Charte de San Francisco* (1945), dans une mesure réduite[1], et très nettement, la *Déclaration universelle des Droits de l'Homme* (1948) ont voulu bâtir la paix intérieure des nations, la paix mondiale et le développement sur du roc.

Ces documents sont largement tributaires des héritages aristotélicien et stoïcien, qui soulignent le rapport entre l'amitié et la justice, et de l'héritage romain, qui distingue le licite et l'honnête[2]. Ce n'est pas le lieu d'évoquer dans le détail ce long parcours historique. Cependant, il convient de souligner que la Déclaration de 1948 s'inscrit dans le droit fil de cette riche tradition. Rappelons que, très tôt, les juristes romains ont admis une distinction nette entre les hommes et les choses. Curieusement, là aussi, c'est la réflexion sur l'expérience de la guerre qui a fait progresser le droit. En effet, dans la mesure où l'esclavage est considéré comme un produit de la guerre, l'esclave tend à être reconnu comme un être humain : nul ne

1. Nous reviendrons sur cette Charte au chapitre XI; voir spécialement les pp. 133 s. et, au chapitre XIII, p. 161; *cf.* aussi pp. 11 s.

2. Le thème de la sociabilité est inséparable de celui de l'amitié. C'est ce que confirme et illustre le précieux ouvrage de Jacques Follon et James McEvoy, *Sagesses de l'amitié. Anthologie de textes philosophiques anciens*, Fribourg (S.), Éd. Universitaires, 1997.

naît esclave. On relève ici l'influence du stoïcisme, qui considérait que les hommes sont libres et égaux[1].

En outre, la Déclaration de 1948 a surtout réactivé les meilleurs acquis de la tradition du Droit naturel. Cette tradition, déjà honorée par Cicéron[2], comporte deux contributions majeures et successives : l'une, médiévale, l'autre, moderne. Ces deux traditions se caractérisent par un *réalisme* commun : l'homme ne se prouve pas; il existe et est sujet de droits antérieurement aux institutions politiques et juridiques[3].

L'apport médiéval

Selon la *tradition médiévale*, ces droits sont liés à la nature de l'homme, être unique dans le monde, puisqu'il est le seul être créé à participer à l'existence de Dieu sur le mode de la personne. Qu'il soit une personne signifie qu'il est un être

---

1. Sur ceci, voir Bernard DE LANVERSIN, « Dérives juridiques dangereuses dans les décisions des grandes Organisations internationales, concernant la vie de l'homme », article à paraître dans la *Nouvelle Revue théologique* (Bruxelles).

2. Voir en particulier les très beaux développements de CICÉRON dans le *Traité des lois*, livre I, VII, 22-X, 28; XIV, 40-XVIII, 48. Ce texte a été publié par Georges DE PLINVAL, Paris, Éd. Les Belles Lettres, 1959.

3. On trouvera un bon exposé historique consacré aux droits de l'homme et au droit naturel dans l'ouvrage de Philippe DE LA CHAPELLE, *La Déclaration universelle des droits de l'homme et le catholicisme*, Paris, LGDJ, 1967, pp. 207-283. On se reportera aussi utilement à Jacques MOURGEON, *Les droits de l'homme*, Paris, PUF, 1978. Sur l'enseignement contemporain de l'Église concernant les droits de l'homme, nous disposons de deux instruments de travail indispensables. Ils sont dus à Giorgio FILIBECK. Le premier est intitulé *I Diritti del'Uomo nell'ensegnamento della Chiesa : da Giovanni XXIII a Giovanni Paolo II (1958-1998)*, Città del Vaticano, Libreria Editrice Vaticana, 1999. Ce recueil a été traduit en portugais sous le titre *Direitos do Homen : de João XXIII a João Paulo II*, São João do Estoril, Éd. Principia, 2000.

individuel, subsistant, doué naturellement de raison et de volonté libre, capable d'activité réflexive. Cette conception de la personne colle tellement à la *réalité* de l'homme qu'elle sera reprise, par-delà la tradition médiévale, par Descartes et par Locke.

C'est de sa *dignité* intrinsèque que l'homme tire ses droits fondamentaux à la vie, au jugement personnel, à la décision libre, à la propriété, à la liberté de s'exprimer, de s'associer, de fonder une famille, etc. La sociabilité humaine n'est pas simplement utilitaire ni encore moins purement instinctive; elle n'est pas réductible à une simple complémentarité. Elle est la conséquence naturelle du fait qu'étant tous doués de raison et de volonté, les hommes peuvent discerner le vrai du faux, le bien du mal, s'entendre, dialoguer, délibérer, coopérer : « Préférer la parole à la guerre », comme devait écrire Levinas[1]. Les hommes sont capables de découvrir ensemble certaines vérités concernant leur vie et leur mort, et d'en tenir compte dans leur conduite. Ils sont capables de vivre vertueusement, et en particulier de pratiquer la vertu de justice. Celle-ci est essentielle dans les relations entre les personnes, et dans les relations entre les personnes et la société. Bref, si les hommes ont des droits et des devoirs, ce n'est pas en raison du fait qu'ils sont des individus; c'est en raison du fait qu'ils sont tous des personnes[2].

Dans cette vision éminemment réaliste, les droits de l'homme ont donc d'emblée une portée *universelle* : dès qu'un être humain existe, il a droit à ce que lui soit reconnue la même dignité que celle de tous les autres êtres humains.

---

1. *Cf.* Emmanuel LEVINAS, *Humanisme de l'autre homme*, Montpellier; Éd. Fata Morgana, 1972; voir p. 37.

2. Nous avons examiné cette question en détail dans *Démocratie et libération chrétienne*, Paris, Éd. Lethielleux, 1985, spécialement au chapitre VII : « Implications politiques de l'anthropologie thomiste », pp. 141-176.

Le service des personnes

Cette conception du fondement des droits de l'homme est consolidée par la doctrine complémentaire de la *destination universelle des biens*. Les biens du monde sont à la disposition de toute la communauté humaine. Le droit de propriété privée a donc ses limites. L'affamé qui chipe un pain ou la pauvresse qui chaparde un médicament pour son enfant mourant ne doivent pas être excusés de voler, car ils ne volent pas; ils exercent le droit primordial à la vie, droit qui l'emporte sur le droit d'autrui à l'appropriation privée. Ce dernier droit est en effet limité et surplombé par le droit de tous les hommes à la vie. Il y a donc une *hiérarchie* dans les droits de l'homme; la clé de voûte de cet ensemble structuré et indivisible, c'est le droit à la vie, le droit de disposer de soi.

De ces prémisses découle une conception précise de la société politique. Celle-ci doit être au service des personnes et des communautés de personnes; son rôle doit être « subsidiaire[1] ». Elle doit aider les personnes à s'épanouir, ce qui ne peut se faire sans le respect de la famille – premier lieu de socialisation –, des corps intermédiaires et notamment de la nation. Cette dernière, en particulier, doit être respectée, car la nation est un creuset privilégié où s'édifient des cultures dont se nourrissent les personnes et les familles.

Un des premiers à tirer parti de la conception médiévale du droit naturel et de l'universalité des droits de l'homme fut

1. Dans les réunions de l'Union européenne, il est souvent question de subsidiarité. Comme c'est fréquemment le cas, le terme est souvent détourné de sa signification originelle. Pour y voir plus clair, on pourra se reporter à Jean-Yves NAUDET, « Le principe de subsidiarité : ambiguïté d'un concept à la mode », dans le *Journal des Économistes et des Études humaines*, juin-septembre 1992, pp. 319-331. Nous disposons aussi du livre de Chantal MILLON-DELSOL, *L'État subsidiaire*, Paris, PUF, 1992.

Francisco de Victoria ; il en fit, dès le XVIe siècle, la base de l'internationalisme. Hélas, sa conception n'était pas à l'abri de toute critique. Car précisément Victoria inversait l'ordre naturel des choses. À force de vouloir légitimer la colonisation espagnole, et de le faire à partir de la destination universelle des biens, il oubliait que le droit à l'appropriation des biens, par les Espagnols, était subordonné aux droits primordiaux des Indiens à la vie et à la liberté.

On observe donc un *paradoxe*. Stimulés par la conception chrétienne de la personne, les théoriciens médiévaux du droit naturel avaient dégagé de façon flamboyante le fondement des droits de l'homme, leur caractère inaliénable, leur extension universelle. Mais ils l'ont fait dans un contexte où les institutions ne répondaient guère aux critères de la démocratie formelle. À l'inverse, Athènes, qui répugnait au modèle spartiate, s'était donné des institutions formellement démocratiques. Mais, paralysée par une anthropologie déficiente (en raison de sa subalternation à la cosmologie), elle échoua à élaborer une conception valable de la personne, à dégager les droits inaliénables de celle-ci, à montrer qu'elle s'étendait aux esclaves aussi bien qu'aux maîtres.

L'apport moderne

À *l'époque moderne*, la réflexion sur les droits de l'homme est reprise pas les *jusnaturalistes*, tels Grotius et Pufendorf. Pour eux, l'homme n'est pas l'individu autonome tel qu'il était conçu par Hobbes et qu'exaltera l'Illuminisme. Même si les jusnaturalistes les plus célèbres ouvrent la voie à l'absolutisme éclairé, ils considèrent encore que l'homme est une personne, un être raisonnable certes, mais dont la liberté individuelle est limitée par les droits des autres personnes.

Cependant, lassés par les guerres de Religion, déçus par la décadence d'une certaine scolastique mais ignorant l'existence de la riche philosophie politique espagnole, impressionnés enfin par les méthodes nouvelles mises en œuvre par les savants physiciens, les jusnaturalistes, tels Grotius et surtout Pufendorf, veulent la raison pour seul maître. Ils observent la société; ils analysent la nature de l'homme, confirment son *appetitus societatis*, sa sociabilité naturelle. La raison leur permet de connaître le droit naturel, d'en faire la base de l'internationalisme chez Grotius; la base du droit civil chez Pufendorf. Locke, qui se démarque d'eux à plus d'un égard, proclamera qu'en entrant en société civile l'homme ne perd pas les droits, inaliénables, qu'il avait dans la société de nature.

Cette conception moderne du droit naturel et, avec celui-ci, des droits de l'homme, présente donc une réelle parenté avec la conception médiévale. Cette parenté est même illustrée par la fidélité fondamentale de Descartes, de Locke et même de Barbeyrac à la conception traditionnelle de la personne: l'homme est conscient de soi, raisonnable, libre au sens de doué de libre arbitre[1].

Cette conception du droit naturel et des droits de l'homme se détache cependant de la conception traditionnelle sur un point essentiel. Constatant, après Jean Bodin, que les références à Dieu étaient sources de guerres, Grotius et, dans sa foulée, Pufendorf sèvrent le droit naturel, et par conséquent les droits de l'homme, de tout lien à Dieu. On sait que cette lecture est retenue par la Déclaration de 1948[2]. Chez d'autres

---

1. Sur l'apport européen à la réflexion sur les droits de l'homme, voir Vittorio POSSENTI, « I diritti dell'uomo nella tradizione europea », dans la revue *O Direito*, 3-4, 1990, pp. 487-502.

2. Ce point figure parmi les « Parties rejetées de la Déclaration ». Voir à ce sujet l'ouvrage classique d'Albert VERDOODT, *Naissance et signification de la Déclaration universelle des droits de l'homme*, Louvain-Paris, Éd. Nauwelaerts, 1963; *cf.* pp. 275-281.

auteurs, ce lien sera maintenu – parfois, il est vrai, du bout des lèvres – mais Dieu n'aura plus d'impact réel dans la réflexion sur les droits. Grotius et d'autres croiront trouver dans la mise entre parenthèses méthodique de Dieu la meilleure sauvegarde pour la paix civile et la paix entre les nations.

Il n'en reste pas moins qu'en dépit de cette divergence, *les deux Écoles* du droit naturel, la médiévale et la moderne, *vont alimenter toutes les grandes déclarations de droits et, par là, toutes les démocraties libérales modernes puis contemporaines.* Cette double tradition a imposé l'idée selon laquelle les droits de l'homme doivent être *proclamés*, cette proclamation étant le pré-requis logique de toute société démocratique[1].

Le patrimoine commun de l'humanité

Universalité et cohésion

La *Déclaration universelle des Droits de l'Homme* de 1948 est le point d'aboutissement le plus remarquable de cette évolution, qui passe entre autres par l'*Habeas corpus* (1628, 1679), le *Bill of Rights* (1689), par la *Déclaration d'Indépendance* (1776), par la *Déclaration des Droits de l'Homme et du Citoyen* (1789). Mais ce qui, à ces époques anciennes, était perçu comme la conquête de sociétés *particulières*, est désormais reconnu comme le patrimoine *commun* de toute l'huma-

1. Les études concernant le droit naturel connaissent un regain d'intérêt. Elles bénéficient de l'impulsion particulièrement riche que leur donne Xavier Dijon dans *Droit naturel*, Tome 1 : *Les questions du droit*, Paris, PUF, coll. « Thémis », 1998.

nité[1]. Quant à la mise en œuvre de ces droits, elle est perçue comme la meilleure parade contre le retour de la barbarie.

On observe aussi une amplification dans les différentes déclarations. Les premières dégagent les droits de groupes limités : barons, bourgeois, propriétaires, citoyens puis citoyennes, enfin tous les membres de la communauté humaine sans exception, même les apatrides.

Désormais est faite une découverte majeure : les droits de l'homme sont *universels*. Cela signifie qu'ils transcendent les régimes, les Nations, les États, les gouvernements, les partis, les corps intermédiaires, les individus. Bien plus, c'est par leur universalité que les droits de l'homme procurent l'unité à la société – jusques et y compris mondiale – et en assurent ainsi la cohésion et la durée. Ce sont les droits de l'homme qui font de ce qui pourrait n'être qu'une société d'intérêts une communauté de personnes de même dignité.

La part de l'historicité

En outre, les documents déclarant les droits de l'homme ne sont plus seulement le résultat de la réflexion des philosophes, des théologiens, des juristes. Ils sont aussi le fruit d'expériences historiques réalisées dans des contextes divers. Ces expériences font peu à peu l'objet d'une thématisation systématique, c'est-à-dire d'une réflexion, par les philosophes, les théologiens, les juristes. Que ces droits de l'homme soient *universels*, voilà qui

---

1. Sur la genèse de la *Déclaration* de 1948, voir Mary Ann GLENDON, *Rights Babel : The Universal Rights Idea at the Dawn of the Third Millenium*, texte *pro manuscripto* de The 1997 McCarthy Conference. On doit également au célèbre professeur de Harvard une autre étude très fouillée, intitulée *Knowing the Universal Declaration of Human Rights*, texte *pro manuscripto* de 45 pages, sans lieu, 1998.

apparaît comme une découverte, historique, certes, mais qui s'impose d'emblée comme un acquis définitif pour toute l'humanité[1].

Cette historicité des droits de l'homme ne signifie donc pas que ceux-ci soient *relatifs* à une situation ou à une culture particulières. Cela signifie qu'il s'agit, dans l'ordre moral, juridique et politique, d'une découverte surgissant, bien sûr, dans le temps et l'espace, mais offerte d'emblée à tous[2]. De ce point de vue, cette découverte peut se comparer à la découverte du feu ou de l'électricité, dans les domaines technique et scientifique, ou, dans le domaine esthétique, à la découverte du beau, que ce soit à Borobudur ou dans l'œuvre de Chopin. Tous ces acquis sont, d'emblée et définitivement, offerts à l'ensemble de la communauté humaine. Les sociétés où les droits de l'homme ont surgi d'abord ne sauraient tirer argument de cette antériorité historique pour prétendre que ces mêmes droits sont en quelque sorte leur propriété particulière. Nulle communauté politique n'est fondée à occulter l'universalité de ces droits comme nulle communauté n'est fondée à se réserver le savoir ou le beau.

---

1. Cette lecture des droits de l'homme, et surtout de la *Déclaration* de 1948, a reçu le soutien particulièrement autorisé de Kofi ANNAN dans « Les droits de l'homme, trame de notre existence », article paru dans *Le Monde* du 9 décembre 1998. Il est vrai que le Secrétaire général de l'ONU n'est pas toujours aussi bien inspiré dans ses déclarations sur la question.

2. Ceci est illustré par l'*Encyclopédie des droits de l'homme*, dont le *Sommaire* a été présenté par Marc AGI, Paris-La Défense, Fondation internationale des droits de l'homme – L'Arche de la fraternité, 1997.

UNE « CULTURE DES DROITS DE L'HOMME »

Solidarité et efficacité

L'influence des divers documents que nous avons mentionnés, et tout particulièrement de la Déclaration de 1948, est profonde et nous nous bornerons à relever deux points. D'une part, dans leur quasi-totalité, des articles de la Déclaration de 1948 mettent en relief la sociabilité des hommes[1]. Mais cette sociabilité n'est pas présentée comme purement utilitaire. La Déclaration considère que l'homme est naturellement doué d'une capacité relationnelle avec ses semblables, que l'inclination à la sociabilité et à la solidarité communautaire fait partie de sa constitution.

C'est précisément la sociabilité de l'homme qui suscite la naissance de la société civile, où les personnes, en se reconnaissant mutuellement, se reconnaissent comme sujets de droit. La société politique apparaît ici comme un instrument technique au service de la société civile, de ses institutions – dont la famille – et de ses membres. Cette antériorité de la société civile par rapport à la société politique est la condition nécessaire à l'instauration d'une société politique démocratique. Sous peine de conduire à l'étatisme, le pouvoir de l'État doit être caractérisé par la *subsidiarité* : l'État est au service de la société civile, de ses institutions et de ses membres. C'est pour limiter l'emprise abusive de l'État, ou des institutions politiques supraétatiques, qu'il faut s'en tenir fermement à la distinction et à la séparation des pouvoirs (législatif, exécutif et judiciaire). Lorsque disparaît ou est gommée cette référence à la société civile, la société politique – concrètement l'État, la

---

1. Le texte de la Déclaration est repris *in extenso* en Annexe I, pp. 229-236.

plupart du temps – met la main sur tout l'espace de la société civile et finit par s'arroger le « droit » d'exprimer et d'interpréter la « volonté générale[1] ». Or la légitimité de l'État ne peut venir de lui-même; elle ne peut venir que de la société civile qui se donne l'organisation politique la plus apte à favoriser la sociabilité et la solidarité entre les parties constituantes de cette société civile elle-même.

Cette solidarité est fortement soulignée dans la Déclaration, qui met en valeur les formes fondamentales de la subsidiarité : famille, syndicats, groupes religieux, nations. La démocratie et la paix requièrent l'apport de toutes les personnes et de tous les corps intermédiaires en vue de construire le bien commun.

D'autre part, l'influence des grandes déclarations, dont celle de 1948, est aussi due au fait que ces documents ont une *valeur essentiellement morale*, alors que les droits qu'elles proclament ont, par leur nature même, une force exécutoire. Une valeur qu'ont ces documents précisément parce qu'ils ne sont *point des documents législatifs*, ce qui les réexposerait incessamment aux périls des réécritures et des herméneutiques politiciennes. Cependant, qu'elles soient antérieures aux lois insinue déjà que ces déclarations doivent être traduites dans des lois. C'est ce qu'on veut dire lorsqu'on affirme qu'elles sont d'ordre *méta-juridiques* : elles sous-tendent en effet les lois. Les États sont ici appelés à promouvoir une culture de la justice, à instaurer une société juste en jouant pleinement leur rôle subsidiaire, au sens le plus riche du terme. En l'occurrence, ce rôle consiste à assurer le *service* des droits de tous les hommes dans le cadre précis et concret d'un environnement politique particulier, national par exemple.

1. Concrètement, cet empiétement de la société politique sur la société civile est la tendance qui s'observe dans les États. La nouveauté, c'est qu'elle s'observe aujourd'hui dans les grandes organisations internationales, telle l'ONU.

Un aiguillon puissant aujourd'hui contesté

Il faut reconnaître que cette Déclaration, ainsi que les conventions et pactes qui l'ont suivie, a, depuis cinquante ans, donné des *fruits* souvent remarquables. Ces documents ont prévenu des conflits. Grâce à eux, ceux-là même qui avaient plongé le monde dans le sang et les larmes ont pu, sans perdre la face, rejoindre tous les hommes de bonne volonté qui voulaient *verrouiller la paix*.

La Déclaration a également été l'aiguillon de la *décolonisation*, le moteur de la liquidation de la Guerre froide et du développement politique, économique et social. Il est piquant de constater à ce propos que les dictatures totalitaires et les technocraties militaires se sont réservé le triste privilège de présenter les droits de l'homme comme des obstacles au développement.

En proclamant que les droits de l'homme s'étendaient à tous les êtres humains sans exception, la Déclaration ouvrait grande la voie qui permettrait à tous les colonisés de reconnaître leur dignité, de découvrir qu'étant sujets de droits inaliénables, ils pouvaient aussi devenir sujets de leur histoire.

En outre, ces mêmes documents ont instauré ce qu'on a appelé à juste titre une « culture des droits de l'homme », et c'est par là qu'ils favorisent la cohésion et la paix dans les sociétés particulières et entre les nations. Presque partout dans le monde, ces documents ont imposé, dans la pratique politique, l'idée qu'il y a un *lien essentiel entre démocratie et droits de l'homme* et que, du respect de ce lien, dépendent, avec le développement, la paix intérieure des nations et la paix entre les nations.

Enfin, une des plus grandes originalités de la Déclaration de 1948 est précisément d'avoir voulu *fonder l'ordre international nouveau sur la reconnaissance universelle des droits de l'homme*, et non plus simplement sur des bases précaires de nature pragmatique ou d'inspiration purement positiviste.

Aujourd'hui, cependant, est battu en brèche l'héritage prestigieux qui trouve sa dernière expression solennelle dans la Déclaration de 1948. Nous allons analyser cette mise en question radicale en montrant successivement la réinterprétation perverse des droits de l'homme qui s'opère sous l'influence du volontarisme et du holisme ; la contestation, opérée par l'ONU, des États souverains ; l'instauration d'une inquisition laïque sous couvert de tolérance ; l'utilisation du droit pour « légitimer » la violence.

Chapitre II

Consensus et majorité, ou d'une tyrannie à l'autre

Pour comprendre comment on en est venu à la mise en question radicale de la Déclaration de 1948, nous devons remonter à Grotius[1]. En effet, la tendance à la sécularisation de la pensée politique observée chez lui allait peu à peu être radicalisée sous l'influence de trois facteurs, que la Réforme contribuera à accentuer à cause de son fondamentalisme scripturaire et du mépris luthérien pour toute philosophie.

Le premier de ces facteurs et le plus évident, c'est l'exaltation de l'*individu*, de sa raison propre comme lieu ultime de vérité, de sa totale autonomie; c'est l'héritage typique de la Renaissance qui conduira l'homme à choisir sa vérité. Le second, c'est la tendance au *scepticisme* et même à l'*agnosticisme*. Ces deux tendances fleuriront chez Hume et surtout chez Kant, qui y ajoutera le *volontarisme*.

1. *Cf. supra*, pp. 27 s., et le chapitre d'Introduction.

Cependant, pour comprendre la gravité de la mise en question de la Déclaration de 1948, il est indispensable d'examiner aussi l'évolution du mot consensus ainsi que les ambiguïtés affectant ce terme[1].

La « tyrannie du consensus »

Kant et l'Illuminisme

Kant – commençons par lui – s'interdit évidemment de fonder les droits de l'homme sur une référence à la métaphysique, puisqu'il a déclaré celle-ci impossible. Il tente alors de sauver ces droits en faisant appel à la volonté. Exposé dans les *Fondements de la métaphysique des mœurs* (1785), l'impératif catégorique pourvoira, selon lui, à ce fondement : « Agis de telle façon que tu traites l'humanité aussi bien dans ta personne que dans la personne de tout autre toujours en même temps comme une fin, et jamais simplement comme un moyen[2]. » On remarquera que Kant considère ce principe fondateur de la morale comme ayant une portée universelle, alors même qu'il est impossible de lui reconnaître quelque fondement métaphysique. Dans son *Projet de Paix perpétuelle*[3] (1795), il montrera que cette exigence d'universalité, posée en *éthique* en vertu de l'impératif catégorique, se retrouve en *politique* et

1. À un moment où ce terme n'était guère utilisé comme outil de manipulation mentale, Hervé Cassan a étudié « Le *consensus* dans la pratique des Nations Unies », dans l'*Annuaire français de Droit international*, 1974, pp. 456-485.

2. Voir la traduction procurée par Victor Delbos, Paris, Éd. Delagrave, 1959, pp. 150 s.

3. Traduit par J. Gibelin, Paris, Librairie philosophique J. Vrin, 1948.

plus précisément dans les relations internationales. En dernière analyse, la paix n'est possible que si les États, comme avant eux les individus, acceptent le principe d'universalité compris dans l'impératif catégorique. À certains égards, Kant apparaît ici à la charnière, d'une part, entre les conceptions traditionnelle et moderne et, d'autre part, la relecture volontariste contemporaine des droits de l'homme.

La combinaison des éléments que nous venons de repérer – individualisme, agnosticisme, volontarisme – va être consommée par l'*illuminisme*. Chacun de nous est totalement libre de choisir sa vérité et d'agir selon sa conscience. Il n'y a que des individus, plus ou moins doués, plus ou moins forts, non plus des personnes participant à la même nature. Comme, entre les individus, il n'y a plus de nature commune, il n'y a plus de sociabilité ni de solidarité naturelles. La signification des mots qui donnent sens à la vie – droit, famille, valeur, vérité, fidélité, bonheur, etc. – dépend des définitions consensuelles que chacun veut bien en donner.

Ce qui caractérise cette nouvelle vision, inversée et perverse, des droits de l'homme, c'est la primauté donnée à la volonté du « dieu mortel » plutôt qu'à la raison. Cette caractéristique est déjà annoncée dans l'œuvre de Hobbes. La raison peut être efficace dans les sciences de la nature, mais les questions de métaphysique sont hors de sa portée ou sans intérêt. Face à cette disqualification sélective de la raison, il faudra tenter de trouver d'autres bases pour fonder les droits de l'homme et la démocratie.

La nouvelle voie qui est retenue aujourd'hui dans ce double but détruit dans ses fondements la conception des droits de l'homme, et donc de la démocratie, qui sous-tend les grands documents contemporains depuis 1948. C'est ce que confirme l'analyse du mot consensus.

Le consensus : une escroquerie sémantique

Le passage de la conception classique des droits de l'homme à la nouvelle conception que veut divulguer l'ONU apparaît également dans les deux significations auxquelles se rattachent les mots *consentement* et *consensus*. Aujourd'hui, il est vrai, le second mot est plus utilisé que l'autre. Comme le mot *consensus* apparaît très fréquemment dans les documents de l'ONU, des ONG, et dans les milieux politiques en général, nous devons en examiner de plus près la signification.

La réflexion sur le consensus ou le consentement a été explorée dès l'Antiquité dans le cadre des recherches philosophiques sur la liberté. Chez les stoïciens, le terme *sunkatathesis* signifie assentiment, accord de l'esprit. Au Moyen Âge, le même thème est exploré, et dans le même contexte, par Richard de Saint-Victor (v. 1110-1173). Les Occasionnalistes de l'époque moderne, à commencer par Malebranche, se demandent si la liberté de l'homme ne consiste pas à consentir ou à refuser de consentir aux interventions divines.

Actuellement, le mot *consentement* est quelque peu éclipsé par son synonyme, le mot consensus. Ces deux mots, pratiquement interchangeables, sont pris dans des acceptions différentes qui nous intéressent directement[1]. En un premier sens, considéré comme vieilli, consentement et consensus signifient l'adhésion à une affirmation. Le métaphysicien Aimé Forest parlait, par exemple, du « consentement à l'être » : on donne son assentiment à l'affirmation de l'existence de l'être. En ce sens, on parle de « consentement universel » portant, par exemple, sur la validité des principes métaphysiques, logiques ou moraux, ou sur la validité des principes du droit naturel. Dans cette acception, *consentement* ou *consensus* signifient le

1. Voir le mot *consentement*, dans Paul Foulquié, *Dictionnaire de la langue philosophique*, Paris, PUF, 1962, et dans le Robert.

« jugement concordant des hommes, par lequel on affirme la vérité de certaines propositions »[1].

L'usage de ces termes en ce premier sens se justifie toujours dans certains cas. Dans ces pages, nous éviterons cependant de nous référer à ce premier sens, pour la simple raison que ce n'est pas en ce premier sens que le mot *consensus* est généralement employé dans les documents actuels de l'ONU.

Ce qui nous intéresse davantage, c'est le deuxième sens donné actuellement à ce mot, en particulier dans les documents de l'ONU. Consensus, ou plus rarement consentement, signifie alors l'« acquiescement donné à un projet »; la « décision de ne pas s'y opposer » (Robert). Foulquié est encore plus précis : « Acte par lequel quelqu'un donne à une décision dont un autre a eu l'initiative l'adhésion personnelle nécessaire pour passer à l'exécution. »

Alors qu'au premier sens, l'accent est mis sur l'assentiment de l'esprit à une réalité qui est affirmée, dans le deuxième sens, l'accent est mis sur l'entente entre des personnes en vue d'un projet d'action. Pour faire bref : accord général des intelligences dans le premier cas; accord de volontés individuelles dans le second.

Dans l'usage qui en est fait aujourd'hui, le mot consensus est donc un terme très ambigu puisque l'on glisse facilement de la deuxième signification à la première. Le terme *donne faussement à penser* que l'on renvoie à des propositions à la vérité desquelles on marque son assentiment, alors qu'il renvoie à l'adhésion à des décisions volontaires dont le rapport à la vérité n'est nullement pris en compte.

Cette ambiguïté est constamment exploitée dans les documents récents de l'ONU. Pour les jusnaturalistes, y compris

1. Voir Virgilio GIORGIANNI, article « Consenso universale », dans l'*Enciclopedia filosofica*, Venise et Rome, Istituto per la Collaborazione culturale, 1957. Voir le tome I, col. 1195-1197.

pour Grotius, il y a « certains principes de la droite raison, qui nous font connaître qu'une action est moralement honnête ou déshonnête »[1]. Il y a des principes qui sont objet de connaissance et la raison s'incline devant leur vérité.

Les « nouveaux droits de l'homme », eux, sont le fruit de décisions volontaires auxquelles on adhère. Mais on feint d'imputer à ces *décisions* le même statut de vérité que celui qui était reconnu aux *principes* ayant déjà fait l'objet d'un assentiment. Cette escroquerie sémantique permet de faire des droits de l'homme de la tradition classique un usage idéologique visant à légitimer des programmes d'action inadmissibles. Cette escroquerie, qui instaure la tyrannie du consensus, est consommée par le rôle *démesuré* aujourd'hui accordé, le cas échéant, à la majorité.

La « tyrannie de la majorité »

La « sainteté » civile *des lois*

Depuis Rousseau, et spécialement ses grandes théories du *Contrat social*[2], la société politique est considérée comme issue du vouloir des individus qui renoncent, totalement ou partiellement selon les théoriciens, à leur volonté individuelle. Ils consentent librement à obéir au peuple souverain et à ses lois, expression infaillible de la volonté générale, laquelle s'exprime à la majorité. Il y a donc une « religion civile » qui commande l'obéissance aux lois, lesquelles sont gratifiées

1. Hugo Grotius, *De jure belli ac pacis* (1625), cité dans le recueil de J. Imbert (*et al.*), *La pensée politique des origines à nos jours*, Paris, PUF, 1959. Voir tout l'extrait cité pp. 219 s.

2. Jean-Jacques Rousseau, *Le Contrat social*, Livre IV, chap. 8.

d'une sainteté civile[1]. Au regard de la religion civile, celui qui ne respecte pas ces lois est coupable et doit être châtié impitoyablement. Rousseau prétendait qu'en obéissant aux lois, l'individu n'obéissait finalement qu'à lui-même. Mais cette entourloupette n'a jamais abusé personne sur la nature irrémédiablement totalitaire de son utopie, qui signale le naufrage de la personne et même de l'individu au profit du peuple souverain.

À beaucoup d'égards, l'œuvre de John Rawls, philosophe contemporain, a contribué à raviver l'influence de Rousseau et d'ailleurs aussi celle de Kant[2]. Il est vain de vouloir s'entendre sur quelques vérités fondamentales, sur quelques normes morales universelles. Les nécessités de la pratique sont cependant là : nous devons agir « justement ». Et pour agir justement nous devons engager une *procédure* au cours de laquelle nous, qui devons décider, ferons attention courtoisement aux positions de chacun, puis nous trancherons, nous déciderons[3]. La décision sera juste, non parce qu'elle honore des droits de l'homme que l'on aurait reconnus et que l'on respecterait, mais parce qu'elle est l'expression d'un consensus, acquis éventuellement au terme d'un vote majoritaire. C'est ce que certains appellent, dans l'esprit de Tocqueville, « la tyrannie du consensus ».

Différente à bien des égards de celle de Rawls, la pensée de Jürgen Habermas contribue, comme celle du philosophe amé-

---

1. Sur tout ceci, voir *Du contrat social*, livre IV, chapitre VIII.

2. Voir John RAWLS, *A Theory of Justice*, Oxford University Press, 1972; diverses rééditions et traductions.

3. Préludant à l'idée actuelle de consensus, l'idée du *consentement* obtenu par des comités ou commissions *ad hoc* apparaît déjà dans l'œuvre de l'Abbé DE SAINT-PIERRE (1658-1743), *Projet pour rendre la paix perpétuelle en Europe* (1713); voir dans Marcel MERLE, *Pacifisme et internationalisme. XVII*e*-XX*e* siècles*, Paris, Éd. Armand Colin, 1966, pp. 72-77; *cf.* spécialement les art. 11 et 12.

ricain, à avaliser la « tyrannie du consensus »[1]. Sans doute, après avoir annoncé – comme il est d'usage – la destruction des fondements de la philosophie traditionnelle, le philosophe allemand entend-il dépasser l'utilitarisme. Il admet même la possibilité de reconnaître des normes universelles. Cependant, ces normes sont toujours subordonnées au consensus qui conclut, le cas échéant, l'« agir communicationnel ». Pourtant, la position de Habermas fait problème en raison de son formalisme : on ne saurait en effet oublier que la liberté d'expression, le respect de l'opinion d'autrui, la *fairness* dans la communication ne suffisent pas à fonder des normes ou des valeurs – Rawls lui-même en conviendrait probablement : ce ne sont que des préalables à cette fondation.

Le paradoxe de la majorité

Le recours à la majorité mérite une attention spéciale, car aujourd'hui beaucoup veulent faire passer la règle de la majorité comme la caractéristique essentielle de la démocratie. Tocqueville parlait, à ce propos, de la « tyrannie de la majorité »[2]. On abandonne donc, dans ce cas, l'idée fondatrice selon laquelle la démocratie repose sur l'égale dignité de *tous*, sur la liberté de pensée, d'expression, d'association.

1. Voir en particulier l'ouvrage de Jürgen HABERMAS, *Théorie de l'agir communicationnel*, Paris, Éd. Fayard, 1987.

2. L'expression apparaît dans *De la démocratie en Amérique*, I, II, 7, chapitre essentiel qui traite « De l'omnipotence de la majorité ». L'expression « Tyrannie de la majorité » y apparaît comme sous-titre. *Cf.* Alexis DE TOCQUEVILLE, *De la démocratie en Amérique. Souvenirs. L'Ancien Régime et la Révolution*, édition procurée par Jean-Claude Lamberti et Françoise Mélonio, Paris, Éd. Robert Laffont, 1999; *cf.* pp. 242-251. Machiavel lui-même écrit : « Un prince qui n'a pour règle que sa volonté est un insensé. Un peuple qui peut faire tout ce qu'il veut n'est pas sage », dans le *Discours sur la Première Décade de Tite-Live*, I, 58.

Cependant, lorsque la règle de la majorité cesse d'être une règle de fonctionnement, elle s'absolutise en quelque sorte et devient la source ultime du droit. C'est ce qui arrive lors des procédures consensuelles; c'est ce qui se passe habituellement dans les comités d'éthique. Certes, au point de départ on tend vers le consensus, et il est entendu que chacun s'efforce avec *fair play* d'y arriver. Cependant, *avant* même que ne soit mise en branle la procédure consensuelle relative à tel ou tel cas appelant une décision, les parties appelées à décider ce qui est juste dans tel cas ont souscrit un accord unanime. Cet accord *préalable* est passé « derrière un voile d'ignorance »; il porte qu'en cas d'impossibilité d'accord procédural, la règle de la majorité prévaudra et sera appliquée. Cette règle, qui est admise *a priori*, c'est-à-dire de façon purement formelle, fait en sorte que les valeurs caractéristiques de la démocratie varient au gré des majorités et qu'elles dérivent en fin de compte de la majorité des voix, puisque le respect de celle-ci est la norme suprême.

Il s'ensuit que, tant en raison des aléas inévitables de la procédure consensuelle qu'en raison de l'impératif purement formel de la règle de la majorité, aucune valeur n'a la moindre chance d'être reconnue comme universelle. *D'où le paradoxe* : la démocratie repose sur *l'égalité* de tous, sur la liberté de pensée, d'expression, d'association, etc.; mais, lorsqu'elle est absolutisée, la règle de la majorité fait que les « valeurs » de la démocratie dérivent de la *prépondérance de certaines voix*. Par conséquent, les valeurs ainsi définies n'ont aucune chance d'être jamais acceptées comme *universelles*, alors qu'elles ont la prétention de s'imposer *à tous* au nom d'une fiction : la volonté générale, censée s'exprimer à la majorité des voix.

En conséquence, la règle de la majorité, dans son interprétation abrupte, est non seulement insuffisante mais dangereuse, si elle n'est pas surplombée par des références morales et assortie de ces correctifs essentiels que sont la vérité et la solidarité (ou sociabilité). La règle formelle de la majorité « légitime » *a priori* la tyrannie des plus nombreux et de leurs meneurs. Cette même règle implique une *indifférence de principe* face à la vérité et face au bien. En soi, rien ne garantit que la procédure consensuelle et la règle de la majorité n'aboutiront à la vérité ou au bien. Bien plus, dans la procédure préalable à la décision consensuelle, s'il devait arriver que quelqu'un ait raison parce qu'il est dans la vérité, rien ne dit *a priori* qu'il serait suivi ni que la vérité en question serait reconnue. Et que se passerait-il si la minorité avait raison ? Elle aurait tort d'avoir raison. Et si la majorité avait tort ? La réponse nous est donnée par Le Chat de Philippe Gelluck : « La majorité aurait raison d'avoir tort ».

Le rôle accordé à la majorité explique la fonction essentielle laissée à l'opinion et aux sentiments, qu'il faut travailler et manipuler[1]. De plus, comme la majorité est censée refléter l'opinion générale, il faut qu'elle appelle à l'existence un tribunal permanent chargé de désigner la dissidence et de la condamner.

En somme, l'indifférence méthodique vis-à-vis de la question de la vérité engendre fatalement l'aveuglement vis-à-vis du bien comme du mal; elle est une des causes principales de la facilité avec laquelle les idéologies totalitaires ont été introjectées au XXe siècle.

---

1. La situation ainsi créée rappelle jusqu'à un certain point les erreurs judiciaires tragiques où, à la majorité, un jury populaire d'assises, expression de la souveraineté elle-même populaire, condamne à mort un accusé dont l'innocence est manifestée après ou même avant l'exécution. Dans le cas ici évoqué, il est cependant remarquable qu'une référence privilégiée et explicite est faite à la vérité, puisqu'on reconnaît l'erreur judiciaire – sans toutefois que cette reconnaissance garantisse que l'on renonce à l'exécution.

Il importe cependant de remarquer qu'il n'y a pas de liberté possible dans un milieu où chacun peut choisir « sa » vérité. En effet, dans un tel milieu, je voudrai nécessairement imposer « ma » vérité à la liberté d'autrui. L'universalité est ici prise en relais par l'intolérance. La voie est alors ouverte aux idéologies imposées, fournissant un ersatz de vérité, paralysant la raison, étranglant le dissentiment, ruinant la solidarité.

Il faut donc savoir quelle société nous voulons construire et quel héritage nous voulons léguer à nos successeurs. Nous ne pouvons nous limiter à expérimenter des valeurs au seul plan individuel. La valeur s'offre au partage et scelle la solidarité. En Europe occidentale, nous sommes héritiers d'une culture qui honore les droits de l'homme.

La vision holistique du monde et de l'homme

La cohésion précaire

La célébration du consensus laisse donc ouverte la question de la cohésion de la société. Dès l'Antiquité, le problème est posé. Ainsi, on sait combien est forte, dans la *République* de Platon, la hantise de l'unité. La démocratie athénienne n'admet pas l'opposition, au sens où nous l'entendons. Elle voulait que les dissidents fussent frappés d'ostracisme, car la divergence est perçue comme une menace pour l'unité de la Cité, et par là pour l'harmonie du Cosmos. Afin de maintenir sa cohésion, la société démocratique devait même recourir, le cas échéant, à la dénonciation ou éliminer les fauteurs de trouble. Socrate, par exemple, avait le tort de montrer que cette unité de la Cité était une unité de façade. Comme le dit la chanson de Guy Béart : « Il a dit la vérité : il doit être exécuté ».

La conception humaniste traditionnelle des droits de l'homme concilie l'exigence de l'unité de la société avec le respect de la dignité de chaque membre. *C'est l'extension universelle des droits qui assure la cohésion de la société.*

Or, à partir du moment où est balayée la référence *unifiante* aux droits de l'homme proclamés dans les grandes déclarations, l'éventuelle source de l'unité ne peut plus être cherchée que dans le consensus. Cependant, en raison de son essence volontariste, le consensus est *toujours* menacé ou en instance de l'être. Il n'offre qu'une unité précaire, qu'une cohésion en sursis. Les procédures qu'il utilise peuvent sans cesse être remises en cause. Les voix qui, d'aventure, veulent émettre des réserves, exprimer leur singularité, signifier leurs divergences, sont nécessairement désignées comme rompant l'unité si difficilement acquise, issue de la procédure ayant arrêté le consensus. Le dissentiment est donc toujours coupable.

Le naufrage des devoirs

Au terme de la relecture volontariste et « consensuelle » des droits de l'homme, on arrive à un dernier constat particulièrement troublant. La nouvelle conception, inversée, des droits de l'homme signale en effet le naufrage de la notion traditionnelle de devoir : *personne n'a plus à répondre de personne*. Les parents eux-mêmes n'ont plus à répondre de leurs enfants, dont les « nouveaux droits » – au plaisir sexuel notamment – doivent être soustraits à tout droit de regard des parents[1].

Résidu de la notion de devoir : celle de responsabilité, exposée par Jonas et suggestive à plus d'un égard[2]. Cependant,

1. Nous revenons sur ce point au chapitre III, *infra*, p. 55 ; 58 s.

2. *Cf.* Hans JONAS, *Le principe responsabilité. Une éthique pour la civilisation technologique*, Paris, Éd. du Cerf, 1995 ; voir spécialement pp. 24-27 ; 64 s. ; 179-186 ; 187-195, etc.

l'« éthique du futur », développée par ce philosophe, est fréquemment récupérée par le courant écologiste. Selon les tenants de ce dernier, la « vulnérabilité de la nature » justifie que soient prises, aujourd'hui, des mesures pour contenir le développement dans les limites du durable et de l'admissible (*sustainable development*). Il ne s'agit pas tellement, ici, de demander aux hommes d'aujourd'hui de se sacrifier pour que puisse éclore l'utopie d'un avenir radieux. Au nom des générations futures, des mesures draconiennes doivent être prises sans délai pour contenir les méfaits des interventions humaines sur la planète. Récupérant cette « éthique du futur », des écologistes, fortement imprégnés du Nouvel Âge, exalteront le culte de Gaïa[1]. Ils concluront que les droits de la Terre-Mère l'emportent sur les droits de ces êtres éphémères que sont les hommes[2].

L'homme dans la réalité du tout

La réinterprétation, inversée et volontariste, des droits de l'homme conduit donc à l'exaltation de la Terre-Mère, de l'environnement, de l'écosystème. Une nouvelle technocratie, dépositaire des nouvelles « Lumières », veillera à leurs intérêts. Le paradigme anthropocentrique annoncé par Protagoras, proclamé par le christianisme, célébré par la Renaissance, illustré par la science newtonienne, est rejeté : non, *l'homme n'est plus*

---

1. Voir à ce sujet notre ouvrage *L'Évangile face au désordre mondial*, 2e éd., Paris, Éd. Fayard, 1998, pp. 79-96.

2. *Cf.* trois des classiques du Nouvel Âge : Marilyn FERGUSON, *Les enfants du Verseau. Pour un nouveau paradigme*, Paris, Éd. J'ai lu, 4029/7, rééd. 1995 ; Thomas S. KUHN, *La structure des révolutions scientifiques*, Paris, Éd. Flammarion, rééd. 1995. On se reportera surtout à l'ouvrage fondamental d'Alice A. BAILEY (1880-1949), *L'état de disciple dans le Nouvel Âge*, CH 1211 Genève 20, BP 31, Éd. Lucis Trust, deux tomes, 1969 et 1991. C'est là qu'est exposé le plan du Nouvel Âge pour l'humanité.

le centre du monde[1]. Il n'a pas à exercer son emprise sur la nature; transformer celle-ci, c'est l'abîmer; à terme, c'est la détruire. L'homme doit se résigner à être immanent au monde. Cela signifie que le monde n'est pas constitué par les composants ayant une réalité propre, voire – dans le cas de l'homme – une dignité intrinsèque, « personnelle ». La perspective est ici *holiste* : le monde est envisagé comme un monisme matérialiste, comme une réalité matérielle unique, dans laquelle tout est imbriqué. L'homme lui-même est intérieur au monde; il n'a pas de réalité distincte de lui. Cette immanence de l'homme au monde est même – précise-t-on – le point d'aboutissement actuel de l'histoire cosmique. D'où le regain d'intérêt pour les thèses évolutionnistes et le succès de l'éthologie, qui entend éclairer le comportement des hommes à partir du comportement des animaux.

Certains esprits intrépides affinent ce rejet de l'anthropocentrisme et prétendent même que les droits d'un animal robuste l'emportent sur les droits d'un homme faible[2].

De cette vision pour ainsi dire panthéiste du Tout cosmique, il découle que l'homme doit révérer ce Tout hors duquel il n'est rien.

On est donc aux antipodes de l'anthropocentrisme auquel Sartre donnait encore des expressions claironnantes : « L'homme est l'être dont l'apparition fait qu'un monde existe[3]. » Le monde n'est même plus cette Nature donnée à l'homme, à laquelle celui-ci confère un sens. Si l'expression n'était quelque peu galvaudée, on parlerait de nouvelle révolu-

---

1. Voir à ce sujet Luc Ferry, *Le nouvel ordre écologique*, Paris, Le Livre de Poche, 13565, 1998; *cf.* en particulier pp. 26-29.

2. Voir par exemple Peter Singer, *Que dois-je faire ?*, Paris, Éd. Grasset, 1997; et, du même philosophe australien, *La libération animale,* Paris, Éd. Grasset, 1993. À ce propos, voir <http://icarus.uic.edu/~strianl/>

3. *Cf. Situations*, Paris, Éd. Gallimard, I, 234.

tion copernicienne : c'est le *tout* qui donne *réalité* et *sens* à la partie, en l'occurrence à l'homme. Il ne s'agit donc pas simplement pour l'homme de respecter la nature au motif que, ce faisant, il détériorerait son biotope ; il ne s'agit même pas de discipliner les comportements et les techniques qui risquent de griller le milieu ambiant. Il s'agit, beaucoup plus radicalement, d'admettre que la réalité de l'homme est la réalité même du tout. De ce tout, l'homme n'est qu'une partie ; il ne doit donc point prétendre être le « centre du monde », sujet de droits personnels et inaliénables, libre de transformer le monde et d'en faire le socle de son action.

CHAPITRE III

L'ONU confrontée à ses origines

Parmi les mérites de la Déclaration de 1948, il en est un auquel nous devons porter une attention spéciale : ce document offre des références permettant de poser un jugement sur l'action menée par l'ONU elle-même depuis ses origines. Par sa nature, la Déclaration appelait certes des traductions concrètes au niveau de chaque État. Mais par sa nature aussi, la Déclaration appelait l'ONU à s'engager – tout en respectant la subsidiarité – dans des actions concrétisant les droits qu'elle avait solennellement proclamés.

Gardienne des Droits de l'Homme ?

Il est à craindre que l'ONU d'aujourd'hui préfère éviter cette confrontation avec l'esprit et la lettre de ses origines. Elle a pourtant des comptes à rendre à propos de ce qu'elle fait pour lutter contre la pauvreté[1]. Que fait-elle, par exemple,

---

1. Nous revenons sur ce point capital au chapitre XV, *infra*, pp. 183-185.

pour que le droit de tous à l'alimentation ou à l'instruction soit assorti de la possibilité *offerte à tous* d'accéder à l'alimentation et à l'instruction ?

Un bilan loyal (et provisoire) de son action permettrait à l'ONU de redéfinir les objectifs prioritaires qu'elle doit inscrire aujourd'hui à son programme, dans la fidélité à ses origines. L'ONU n'est en effet point la simple gardienne de droits formels. Les droits proclamés ont une force exécutoire qui interpelle l'ONU elle-même, toujours, cependant, dans le respect de la subsidiarité. À ce niveau, le bilan auquel l'ONU doit procéder sans retard mettra certes en lumière des lacunes, mais il mettra en évidence la voie sur laquelle l'ONU doit s'engager.

Passer à la vitesse supérieure ?

L'audit auquel l'ONU devrait procéder déboucherait en effet sur un programme d'action prolongeant celui qui a été exécuté, avec des fortunes diverses, depuis 1945. Après avoir mis l'accent sur la *Déclaration* des droits de l'homme et avoir invité la communauté internationale à les reconnaître, l'ONU pourrait passer à la vitesse supérieure en urgeant la *traduction de ces mêmes droits dans les faits.* En principe, elle dispose des agences nécessaires pour procéder à cette adaptation.

L'adaptation ici évoquée n'appartient pas au monde de l'utopie. Elle ne peut cependant se faire sans un réexamen approfondi de l'affectation des ressources disponibles, actuellement englouties par les frais de fonctionnement et appliquées à des programmes qui sont la négation même de la Déclaration de 1948.

Ainsi l'ONU est aujourd'hui confrontée à un dilemme. Ou bien elle s'investit davantage dans des engagements concrets en faveur des droits de l'homme tels qu'ils sont conçus traditionnellement. Ou bien, voulant peut-être masquer ses échecs, ses omissions et ses errances, elle cautionne une nouvelle conception – inadmissible – de soi-disant « droits » de l'homme. Une manœuvre de diversion qui lui permettrait d'atermoyer et de se dérober aux engagements nécessaires. C'est ce que nous devons examiner de plus près.

La démocratie impossible

Il suffit d'observer les discussions contemporaines sur des questions vitales comme l'euthanasie, l'avortement, la stérilisation en masse, l'homosexualité, etc., pour constater combien l'interprétation inversée et perverse des droits de l'homme s'est insinuée partout. Cette réinterprétation fait florès dans les comités d'éthique, où l'opinion dominante, objet de consensus, prend en relais la *doxa* antique : « Renonçons à chercher la vérité; contentons-nous de l'opinion commune. » Cette tournure de pensée a surtout été accueillie et divulguée par les grandes organisations internationales, au premier rang desquelles il faut citer l'ONU et plusieurs de ses agences. *Sur ce point fondamental, l'ONU des origines est méconnaissable dans l'ONU d'aujourd'hui.*

La société internationale n'est plus guère fondée sur la conception des droits de l'homme déclarés en 1948. Désormais, cette société apparaît de plus en plus comme le projet volontariste de technocrates de l'ONU. En effet, le recours au consensus, et donc au relativisme, est systématique dans les grandes conférences internationales : au Caire en 1994, à Pékin en 1995, à New York en 2000, pour ne citer que celles-là. Les réserves émises par des participants sont systématiquement occultées. Ce consensus est constamment invoqué, mais de façon spécieuse, pour surplomber les législations nationales qui, elles, continuent dans la plupart des cas à se référer à l'objectivité des droits de l'homme, typiques de la tradition classique. *Les législations nationales sont donc de plus en plus en porte à faux* par rapport à ces « conclusions », « agendas » et autres « plans d'action », qui reposent sur d'autres principes généraux du droit, ou plus exactement qui ne reposent plus sur aucun principe général ou métajuridique. Gouvernants et juges nationaux sont ainsi intimidés et tendent à être déconsidérés.

La communauté mondiale et les nations signataires de la Charte de 1945 et de la Déclaration de 1948 sont en train de basculer dans une forme inversée des droits de l'homme qui n'a plus rien à voir avec les références fondatrices de l'ONU. Cette forme, qui tend à s'imposer sournoisement, prélude à l'impossibilité d'une société démocratique. Ceci mérite un mot d'explication.

Nations et États : débilités

Ce qui est grave dans la situation actuelle, c'est d'abord que l'ONU *débilite les nations* de multiples façons. Le consensus est obtenu dans les assemblées internationales avec le concours d'ONG « sûres », faisant du travail de *lobbying*. Dans ce registre, la palme revient à la Fédération internationale pour la planification familiale[1] (IPPF). Ensuite, ce consensus est invoqué pour faire pression sur les nations afin que celles-ci, « pour être cohérentes avec elles-mêmes », signent *pactes* ou *conventions* portant sur les matières et des programmes d'action ayant fait l'objet d'un consensus. Une fois ratifiés, ces instruments *juridiques* auront force de *loi* dans les nations participantes. Par ce biais, il est aisé de faire tomber progressivement en désuétude : d'abord, dans son esprit et dans sa lettre, la Décla-

1. Visites du site aux adresses :
<http://www.ippf.org> ou <http://www.ippf.org/newsinfo>

ration de 1948; ensuite, les législations nationales[1]. En plus et surtout, il est aisé de faire passer comme « nouveaux droits de l'homme » ce qui n'est que le produit d'un consensus, lequel donne lieu à des conventions, etc. : nous voilà repartis[2] !

Plusieurs conflits ont déjà surgi entre les législations nationales d'États souverains et les conventions de l'ONU. On peut citer, à titre d'exemple, les pressions exercées par l'UNICEF sur le gouvernement australien à propos des lois nationales réglementant l'emprisonnement des mineurs, à propos des aborigènes, des immigrants, etc. La question est donc de savoir ce qui resterait de l'autonomie des nations souveraines si ces mêmes nations étaient régies par les conventions de l'ONU. Un autre exemple est fourni par la Grande-Bretagne. La législation nationale reconnaît le droit des parents à décider si leurs enfants peuvent ou non fréquenter les cours d'initiation sexuelle. Mais on oppose à ce droit des parents le respect du traité de l'ONU sur les droits de l'enfant[3].

La distinction si importante, d'une part entre les droits de l'homme proclamés dans la Déclaration, et d'autre part les législations nationales qui en concrétisent l'expression, est ici totalement abolie. Seuls subsistent des textes « juridiques », produits à l'initiative d'une organisation qui excède de plus en

---

1. Le procédé que nous décrivons ici, et qui consiste à légiférer en contournant les autorités nationales est décrit et recommandé, par exemple, dans « Advancing reproductive health through human rights and laws », article anonyme publié dans *Progress in Human Reproduction Research* (Genève), bulletin coproduit par le PNUD, le FNUAP et l'OMS, n° 50, 1999, pp. 1-4. On complétera par un autre article de cette même livraison : « Protecting reproductive health through national policies and laws », p. 6.

2. Christine DE VOLLMER a bien mis en lumière les pièges de ces « nouveaux droits » dans *Is « Reinterpretation » Making a Travesty of Human Rights?*, texte *pro manuscripto* de 8 pages, sans lieu ni date (Washington, 1998).

3. *Cf.* la dépêche de l'agence Zenit, datée du 25 mars 2000 : *Análisis : Soberanía nacional : conflictos con los tratados de la ONU.*

plus son mandat. Faut-il préciser que de tels textes sont approuvés par des assemblées à représentativité suspecte, moyennant les voix de mandataires frappés d'aphasie et exposés aux formes les plus subtiles de la corruption, de la séduction et de la coercition ?

À terme donc, ce qui est en jeu, c'est l'existence même des États et des nations, lesquels en seront réduits, si cette dérive n'est pas contenue, à ne plus être que des chambres d'entérinement (pour les parlements), des exécutants privés de toute responsabilité (pour les gouvernements) ou des juges dont la tâche principale sera d'exténuer la force de la législation nationale. Ce même travail de sape est d'ailleurs déjà bien engagé dans les relations économiques internationales, où les nations sont de plus en plus traitées comme des unités de production devant s'intégrer dans un projet « global » qui les dépasse.

Cette conception inversée, purement « positiviste » ou volontariste, des droits de l'homme ruine évidemment le *principe de subsidiarité*, pré-requis de toute société internationale et clef de voûte de toute pensée démocratique. À condition d'ouvrir les yeux, nous voyons émerger un *Système de Pensée Unique*, totalitaire dans son inspiration, dans ses moyens et dans ses buts. Un système qui ruine la vie politique, détruit en sa racine tous les corps intermédiaires, musèle la société civile, intronise un volontarisme juridique totalitaire d'extension mondiale. Si les droits de l'homme tels qu'ils sont proclamés en 1948 sont essentiels à toute démocratie et à la paix entre les nations, en revanche, tels qu'ils sont présentés aujourd'hui dans les assemblées internationales, ces mêmes « droits » sont annonciateurs d'un nouveau totalitarisme mis en place par ceux qui ont les coudées franches pour manipuler les institutions internationales et modeler l'opinion publique.

Les passions comme valeurs

À l'origine de la nouvelle conception des droits de l'homme se trouve une conception *réductrice* de l'homme. Le climat hyperlibéral actuel pousse l'individualisme au paroxysme. *Nous sommes en train de vivre une révolution anthropologique* : l'homme n'est plus une *personne*, un être ouvert à autrui et à la transcendance ; il est un *individu*, voué à se choisir des vérités, à se choisir une éthique ; il est une unité de force, d'intérêt et de jouissance.

Cette anthropologie, foncièrement matérialiste, entraîne aussitôt une conception purement empirique de la *valeur*. Il ne pourrait plus y avoir de place pour des normes morales objectives, communes à tous les hommes ; il n'est plus question de valeurs qui s'imposeraient à l'homme parce qu'elles sont désirables en soi. Il n'est plus question, par exemple, de s'incliner devant la dignité de tout homme, quel qu'il soit. Désormais, les nouvelles valeurs, que Gérard-François Dumont appelle des valeurs inversées[1], sont le résultat de calculs utilitaires réglés par consensus. Ces valeurs inversées s'expriment dans la *fréquence des choix* que l'on observe entre les individus. Les valeurs, c'est finalement ce qui fait plaisir aux individus. Or ces valeurs-là ne peuvent que diviser les hommes, car par mimétisme je désirerai ce que l'autre désire[2]. Cette conception de la valeur est donc, à terme, non seulement destructrice du tissu social mais elle constitue également les prolégomènes à une nouvelle barbarie.

---

1. *Cf.* à ce sujet Gérard-François DUMONT, *Le festin de Kronos*, Paris, Éd. Fleurus, 1991.

2. Dans des ouvrages célèbres, René GIRARD a développé la thèse de la « rivalité mimétique ». Voir par exemple *La violence et le sacré*, Paris, Éd. Grasset, spécialement pp. 201-234 ; *Quand ces choses commenceront...*, Paris, Éd. Arléa, 1994, spécialement pp. 27-48 ; 70-78.

Avec une telle conception de l'homme et de la valeur, les droits de l'homme finissent par être réduits à un catalogue mouvant de revendications ponctuelles des individus, obtenus par consensus successifs et reflets d'une arithmétique des intérêts. Puisqu'il n'y a plus de valeurs objectives, et que de toute façon la raison n'est pas capable de les connaître, la valeur, dans sa conception inversée, c'est en fin de compte ce qui satisfait les passions de l'homme. En somme, *le droit fondamental de l'homme, c'est le droit de satisfaire ses passions individuelles et c'est cela que devrait entériner le droit positif.*

Le bonheur ne dépend plus du bien commun, puisqu'il n'y a plus de bien que particulier. Nous voilà à l'opposé de l'humanisme traditionnel, selon lequel le bonheur dépend du bien commun, grâce auquel la Cité, soucieuse de justice générale, s'efforce d'offrir à tous et à chacun de ses membres les meilleures conditions d'épanouissement personnel[1]. Avec la ruine de l'universalité des droits de l'homme, le bonheur en est réduit à être le résidu du plaisir, et même des plaisirs individuels.

De la violence individuelle à la violence institutionnelle

Il s'ensuit qu'il en va du consensus comme de la volonté générale : il est revêtu d'une « sainteté civile »; ceux qui ne le révèrent pas sont coupables d'impiété civile et doivent être châtiés pour ne s'y être point soumis[2]. C'est pourquoi, chaque fois qu'au nom d'une conception inversée des droits de l'homme, on fait passer de « nouveaux droits » individuels et non plus personnels – droit à l'homosexualité, à l'avortement, à l'euthanasie, à la suppression de toute tutelle parentale sur les

1. *Cf.* Mary Ann GLENDON, « Du bon usage... », p. 39.
2. Voir *supra*, pp. 40 s.

enfants, à l'inceste, à la pédophilie, à la répudiation, à la prostitution, etc. – on avance d'un cran dans la marche conduisant à la sacralisation civile de la violence[1]. À cette avancée contribuent non seulement les décideurs politiques ou les médias, mais aussi des chrétiens trop empressés de saisir la main que leur tend, aujourd'hui encore, l'ange des ténèbres.

Cependant, pour faire bonne mesure, au terme de ce parcours néo-nietzschéen, le *droit* à la violence individuelle devra être *protégé* et garanti par la *violence des institutions*. Cette violence-ci sera d'ailleurs double : elle portera, certes, sur les corps, devenus « disponibles ». Mais elle portera surtout sur le moi psychologique des individus. Car la meilleure façon de juguler la contestation et la déviance, c'est de les prévenir en imposant à l'universalité des hommes la même « nouvelle éthique » consignée dans des conventions ayant force de loi[2].

---

1. Le bulletin *Progress...*, livraison citée ci-dessus à la note 1, p. 55, comporte à la p. 8 un bref article consacré aux « Reproductive rights of adolescents : the role of social science research ». De son côté, Anna GRAHAM explique les avantages que présentent les différentes méthodes de contraception pour les adolescents dans « Contraceptive clinics for adolescents », dans l'*IPPF Medical Bulletin* (Londres), juin 1998, pp. 3 s. La raison profonde pour laquelle il faut offrir ces services aux adolescents apparaît dès la première phrase de l'article : « Plus d'un milliard d'habitants ont entre 10 et 19 ans : *un cinquième de la population mondiale* »; nous soulignons.

2. Les lignes de faîte de cette « nouvelle éthique » sont présentées dans le « Rapport de la Commission mondiale de la culture et du développement ». Ce Rapport, présenté en novembre 1995 par M. Javier PÉREZ DE CUELLAR, Président de la Commission, est intitulé *Notre diversité créatrice*, Paris, Éd. de l'UNESCO, 1995. Voir surtout le chapitre I, « Vers une éthique universelle », pp. 35-55. La part prise par Hans KÜNG à l'élaboration de cette « nouvelle éthique » ressort de sa communication à la *Power of Culture Conference*, organisée les 8 et 9 novembre 1996 à Amsterdam par le Development Cooperation Information Department du Ministère (hollandais) des Affaires étrangères (PO Box 20061, 2500 EB La Haye). La contribution de H. Küng, suivie de la discussion, est intitulée « A New Global Ethics »; elle apparaît aux pp. 55-67 du volume *Power of Culture. Conference Report*, 2e éd., 1998.

Par sa nature même, cette « nouvelle éthique » sera donc intolérante, sans quoi elle ne pourrait procurer aucune uniformisation sociale ni aucune unidimensionnalisation des individus. Elle appellera donc une inquisition civile dont la Cour pénale internationale, créée le 18 juillet 1998, pourrait devenir le principal tribunal[1]. Aussi bien, un des problèmes qui se posent à propos de cette Cour, c'est la séparation des pouvoirs. La question est de savoir si cette Cour aura assez d'indépendance pour ne pas être un instrument au service de la machine onusienne. Sera-t-elle habilitée à exercer un contrôle juridique sur l'Organisation ?

Ainsi, tranche par tranche, comme dans la tactique du salami, les soi-disant « nouveaux droits » de l'homme édictés captieusement par une ONU décidément dévoyée de ses origines, se révèlent être une construction froidement calculée qui se dote dès à présent d'instruments d'application à la mesure du monde.

On complétera par le *Manifeste pour une éthique planétaire. La déclaration du Parlement des religions du monde*, éditée et commentée par Hans KÜNG et Karl-Josef KUSCHEL, et traduit de l'allemand par Édouard Boné, Paris, Éd. du Cerf, 1995.

1. *Cf. supra*, p. 44.

CHAPITRE IV

La Charte de la Terre et l'impératif écologique

Les égarements de l'ONU en matière de droits de l'homme peuvent être illustrés par un autre exemple qui appelle une grande vigilance. En voie finale d'élaboration, la Charte de la Terre confirme que l'ONU est déterminée à *déifier* la Terre et à *désacraliser* l'homme[1].

L'ORIGINE DE LA CHARTE

Un accouchement laborieux

L'origine de cette Charte remonte à la Conférence des Nations Unies qui s'est tenue à Stockholm en 1972. Cette

1. Sur cette Charte, consulter le site <http://www. earthcharter. org>

conférence était consacrée à l'environnement[1]. Les travaux de cette conférence se sont poursuivis dans des groupes de travail. Profitant de ces travaux, la Commission Brundtland souligna en 1987 qu'il était urgent de créer une nouvelle charte consacrée à la place de l'homme dans le développement durable. Présidente de la Commission portant son nom, Mme Go Harlem Brundtland fut choisie comme présidente du Sommet de la Terre tenu à Rio de Janeiro en 1992. Elle devait être désignée directrice générale de l'Organisation mondiale de la santé en juillet 1998.

À Rio, c'est sous l'impulsion de Gustave Speth, Secrétaire général du Sommet – et devenu ultérieurement administrateur du PNUD –, que s'est constitué, fin 1992, le Conseil de la Terre, ONG dont le siège est au Costa Rica[2]. Le Conseil est devenu le Secrétariat chargé de la préparation du « brouillon » demandé par la Commission de la Charte de la Terre. Le Conseil travaille au projet de charte avec une autre ONG, la Croix Verte internationale, fondée en 1993 par M. Gorbatchev.

Diverses réunions ont été organisées ou sont prévues pour poursuivre l'élaboration de ce brouillon. Si l'on en juge d'après la lenteur des travaux, le nombre des réunions *ad hoc*, la modicité des résultats publiés, les ressources investies, il faut reconnaître que l'accouchement est anormalement laborieux. En soi, ce seul fait suggère que la divulgation d'un texte final devra s'inscrire dans une séquence d'événements obéissant à un calendrier déjà défini.

---

1. En dehors de ceux dont il est ici question, divers auteurs développent des propos alarmistes au sujet de l'environnement, et tirent de leurs prémisses discutables d'inadmissibles projets de programmes d'action. Voir par exemple Lester R. Brown (*et al.*), *The Environmental Trends that are Shaping our Future*, publié dans la série *Vital Signs*, New York et Londres, Éd. W.W. Norton, 1997.

2. Sur ce Conseil, visiter <http://www.ecouncil.ac.cr>

Parmi les réunions consacrées à la rédaction du brouillon de la Charte, figurent la réunion de La Haye en 1995 ainsi que celle de Rio en 1997, qui était destinée à célébrer le cinquième anniversaire du Sommet de la Terre[1]. En septembre 1998, le Conseil de la Terre a organisé à Cuiabá (Brésil), avec l'appui de l'UNESCO, la Conferência Continental das Américas. Cette conférence avait pour objectif la préparation, au niveau américain, de la Charte. Il était à ce moment question de proclamer cette Charte en janvier 2000, ce qui ne fut pas fait. Plusieurs fois annoncée, cette proclamation fut plusieurs fois reportée. Décidément infatigables, les rédacteurs de cet interminable brouillon se sont encore réunis à Paris, au siège de l'UNESCO, du 12 au 14 mars 2000[2]. Quant au Conseil de la Terre, il s'est à nouveau réuni du 24 au 29 juin 2000, à San José de Costa Rica.

Un nouveau dialogue

Actuellement, un groupe de quelque vingt-cinq membres s'affairent à la préparation de la Charte. Ce groupe comprend des personnalités aussi célèbres que Toumani Toure, Kamla Chowdry, Mercedes Sosa, la princesse Basma Bint Talal, Ruud Lubbers, Mikhaïl Gorbatchev. Au terme de la réunion au siège de l'UNESCO en mars 2000, M. Gorbatchev souhaitait que la Charte devienne le « décalogue de la nouvelle éthique globale ». Le chef de ce groupe est un vétéran de l'ONU : Maurice Strong[3]. Il souhaite et espère que la Charte de la Terre sera accueillie comme l'a été la Déclaration de 1948. Cette

1. Nous touchons ce point dans *Le crash démographique*, p. 99.
2. Plus d'informations sur cette Charte, sur le site <http://pagina.de/noticiasdelaonu> Ce site s'appelle désormais Noticias globales.
3. Le 5 mars 1998, Maurice Strong a donné une intéressante interview sur la Charte. Voir <http://www.earthcharter.org/welcome/intro_fr.htm>

Charte devrait donner lieu à un *Code universel de conduite* et devrait remplacer les codes moraux des religions traditionnelles et les valeurs actuellement reconnues. Excusez du peu...

Les rédacteurs du « brouillon de référence » de la Charte travaillent actuellement sous la direction du professeur Steven Rockefeller, monté au créneau pour la circonstance. Ils espèrent pouvoir faire adopter le produit de leurs efforts par l'ONU en 2002, à l'occasion du dixième anniversaire du Sommet de la Terre.

Une réunion de travail a encore eu lieu fin juin 2000, à La Haye. L'intérêt que porte le gouvernement des Pays-Bas à la Charte a été confirmé par la présence de plusieurs personnalités hollandaises : outre Ruud Lubbers, déjà cité, intervinrent Laurens J. Brinkhorst, Phon van den Biesen, Anne Lie van der Stoel, W.J. Deetman, etc. Sa Majesté la reine Beatrix de Hollande a estimé devoir faire acte de présence à cette réunion[1].

Extraits du brouillon

Le projet de charte, tel qu'il apparaît dans le brouillon de l'an 2000, comporte évidemment des dispositions particulières intéressantes. En revanche, ce qui justifie les plus grandes appréhensions, c'est l'abandon de l'anthropocentrisme. L'homme n'émerge plus du monde ambiant; il n'en est qu'un

---

1. Toujours encline au messianisme, la Hollande est depuis longtemps un des principaux laboratoires des « nouveaux droits de l'homme ». Lorsqu'il s'agit de financer les campagnes en faveur de ceux-ci, elle fait preuve d'une prodigalité qui n'est guère dans ses habitudes. Le pays d'adoption de Spinoza s'est déjà acquis une renommée funèbre à cause de ses avortements à la carte et de la banalisation de l'euthanasie. Le 13 septembre 2000, la Hollande légalisait le « mariage » des homosexuels et assortissait celui-ci du « droit d'adoption ».

fragment. Le titre du document projeté doit être pris au pied de la lettre : il s'agit d'une charte qui consacre la prééminence du monde ambiant par rapport aux êtres qui en procèdent par évolution et lui sont subordonnés. Le mot anglais *sustainable* (ainsi que le mot espagnol *sostenible*) – qu'on traduit habituellement, mais maladroitement, en français par le mot *durable* – apparaît à une vingtaine de reprises dans le texte. Il signifie que le critère ultime de tout programme politique, économique, social, etc., est imposé par ce que l'on présente comme des contraintes *déterminées*, *nécessaires*, imposées par la Terre à tout ce qui s'y trouve[1]. Voici quelques extraits révélateurs épinglés dans ce brouillon[2].

Préambule

« Nous sommes à un moment critique de l'histoire de la Terre, le moment de choisir son avenir... Nous devons nous unir pour fonder une société globale durable, fondée sur le respect de la nature, les droits humains universels, la justice économique et la culture de la paix...

« L'humanité est une partie d'un vaste univers évolutif... Le milieu ambiant global, avec ses ressources finies, est une préoccupation commune pour tous les peuples. La protection de la vitalité, de la diversité et de la beauté de la Terre est un devoir sacré...

« Les modèles dominants de production et de consommation causent la dévastation de l'environnement, l'épuisement des ressources et une extinction massive d'espèces... Une augmentation

---

1. À propos des manipulations dont l'écologie est l'objet, signalons l'ouvrage de Pascal BERNARDIN, *L'Empire écologique ou La subversion de l'écologie par le mondialisme*, Drap, Éd. Notre-Dame des Grâces, 1998.

2. Le texte complet est disponible en anglais, en espagnol, en portugais et en japonais à l'adresse électronique mentionnée *supra*, p. 61, n. 1. Nous avons traduit littéralement à partir du texte espagnol.

sans précédent de la population humaine a surchargé les systèmes économiques et sociaux...

« Voici notre choix : former une société globale pour prendre soin de la Terre et prendre soin les uns des autres ou nous exposer au risque de nous détruire nous-mêmes et de détruire la diversité de la vie.

« Nous avons besoin d'urgence d'une vision partagée sur les valeurs de base qui offrent un fondement éthique à la communauté mondiale émergente. Pour cela, ensemble et avec une grande espérance, nous affirmons les principes suivants, qui sont interdépendants, pour une forme de vie durable, comme un fondement commun au moyen duquel il faudra guider et évaluer la conduite des personnes, organisations, entreprises, gouvernements et institutions transnationales. »

Principes

« Reconnaître que tous les êtres sont interdépendants et que toute forme de vie, indépendamment de son utilité, a valeur pour les êtres humains...

« Assurer l'accès universel au soin de santé qui favorise la santé reproductive et la reproduction responsable...

« Assurer que l'information d'importance vitale pour la santé humaine et la protection de l'environnement, incluant l'information génétique, soit disponible dans le domaine public.

« Affirmer l'égalité et l'équité de genre comme pré-requis pour le développement durable et assurer l'accès universel à l'éducation, le soin de la santé et l'opportunité économique.

« Assurer les droits humains des femmes et des filles et mettre un terme à toute la violence contre elles.

« Fortifier les familles et garantir la sécurité et l'éducation amoureuse de tous leurs membres...

« Éliminer la discrimination sous toutes ses formes, telles que celles qui sont basées sur la race, la couleur, le genre, l'orientation sexuelle, la religion, la langue et l'origine nationale, ethnique ou sociale...

« Démilitariser les systèmes nationaux de sécurité au niveau d'une posture de défense non provocatrice et employer les ressources militaires à des fins pacifiques, incluant la restauration écologique...

« Reconnaître que la paix est l'intégrité créée par des relations correctes avec soi-même, d'autres personnes, d'autres cultures, d'autres formes de vie, la Terre et avec le tout plus grand, dont nous sommes parties... »

L'idéologie de la Charte

Un « remake » de l'évolutionnisme

À la lecture de ces brefs extraits, et plus encore à la lecture de l'ensemble du texte, il saute aux yeux que la Charte de la Terre est imprégnée de tous les stéréotypes divulgués par le Nouvel Âge[1]. On remarque, en particulier, la place centrale accordée au thème du holisme : le grand tout du monde ambiant a plus de réalité que les éléments qui en procèdent et qui en font partie[2]. Nous allons expliquer ce que la Charte doit aux courants évolutionnistes contemporains.

La Charte de la Terre reflète fidèlement, quoique en les simplifiant, les versions contemporaines du scientisme évolutionniste. Ces versions sont actuellement portées par une nouvelle vague, surtout dans les milieux anglo-saxons[3]. Selon cet évo-

---

1. Nous avons étudié « Le Nouvel Âge : son paradigme et ses réseaux », dans *L'Évangile face au désordre mondial*, pp. 79-96.

2. Le principal théoricien du holisme est un Sud-Africain, Yan Christiaan Smuts (1870-1950). Celui-ci joua un rôle significatif dans la rédaction de la Charte des Nations Unies. Voir *L'Évangile face au désordre mondial*, p. 79, n. 2.

3. L'influence de Bertrand RUSSELL (1872-1970) est très perceptible dans

lutionnisme, l'homme appartient au monde vivant, dont le code génétique est universel. On en conclut aussitôt que l'homme n'a aucune spécificité biologique qui lui permettrait de prétendre émerger biologiquement du reste du monde vivant. Comme tous les vivants, l'homme est le produit d'une évolution s'étendant sur quelques milliards d'années et remontant en fin de compte à la matière[1]. C'est au nom de ce scientisme biologique qu'est rejeté l'anthropocentrisme tel qu'il apparaît dans la tradition occidentale et dans la tradition judéo-chrétienne. Tout l'« humanisme » de ces derniers courants doit être rejeté comme « pré-scientifique »[2].

Cette vision pour le moins sommaire de l'évolution a besoin de méconnaître un fait qui, pourtant, appartient lui aussi au processus de l'évolution, à savoir l'apparition chez l'homme de la capacité de s'étonner, de s'interroger sur le sens des choses et sur le sens de son existence, sur le sens de la vie et sur le sens de la mort, sur la nécessité et la liberté.

Comme ce courant évolutionniste radical rapporte tout, en fin de compte, à la matière, cela n'a plus de sens de parler de la dignité de l'homme ni de ses droits. Au contraire, il faut que l'homme accepte sa situation éphémère dans l'évolution de l'univers matériel. Il doit, comme l'y invite le brouillon de la Charte, considérer que « la protection de la vitalité, de la diver-

---

les débats actuels sur l'évolution et sur les « nouveaux droits » de l'homme. Les thèses familières du turbulent philosophe anglais sont rassemblées dans un ouvrage caractérisé par un antichristianisme ringard : *Religion and Science*, Oxford University Press, 1961. Une édition bilingue, anglais-espagnol, de ce pamphlet a été publiée à Buenos Aires, Éd. Ledesma SAAL, 1997.

1. Dans une formulation rafraîchie, on retrouve des thèmes qui ont fleuri au XVIIIe siècle chez un auteur comme LA METTERIE. On sait que pour ce médecin matérialiste, « le corps humain n'est qu'une horloge ». Voir *L'homme machine* (1747), Paris, Éd. Mille et une nuits, 2000.

2. Nous avons déjà touché la question de l'anthropocentrisme : *supra*, pp. 12 et 47 s.

sité et de la beauté de la Terre, est un devoir *sacré* » (nous soulignons). L'homme doit donc reconnaître non seulement les droits de la Terre en général, mais aussi le droit des êtres vivants, dont les animaux. Bref, l'homme doit accepter d'être soumis à l'impératif écologique[1].

En cautionnant la Charte de la Terre, l'ONU cautionne ce *remake* – cette nouvelle mouture – du scientisme darwinien complété par l'eugénisme de Galton. La Charte est en effet traversée par l'idée de sélection : non seulement la sélection naturelle telle que la présentaient Malthus et Darwin, mais aussi la sélection artificielle recommandée par Galton. Selon l'idéologie de la Charte, une gestion respectueuse de la Terre, par l'homme, exige la prise en compte de critères de qualité. La biologie et la génétique fournissent, en même temps que ces critères, les instruments qui en permettent l'application.

Le blanc-seing de l'ONU

La Charte de la Terre prétend ainsi trancher d'autorité un débat qui a agité les milieux intellectuels depuis le XIXe siècle. Malheureusement, elle ignore totalement la complexité de ce débat, et le fait qu'il est plus que jamais ouvert. Elle ne tient nullement compte de l'évolutionnisme spiritualiste, illustré notamment par Bergson et par une pléiade d'autres philosophes ou par des biologistes de réputation mondiale.

En raison de la précarité de ses fondements, la Charte risque même d'être mort-née parce qu'elle laisse entre parenthèses les discussions actuelles concernant les thèmes auxquels elle se réfère. Nulle part il n'y est fait allusion au retour en force du

---

1. Sur les thèmes discutés ici, voir Luc FERRY, *Le nouvel ordre écologique. L'arbre, l'animal et l'homme*, Paris, Le Livre de Poche, 13565, 1998, ainsi que les travaux d'André COMTE-SPONVILLE.

finalisme[1]. Ce finalisme accueille la question de savoir *pour quoi* les choses sont faites. En philosophie des sciences, l'influence de causes finales est de plus en plus admise pour expliquer l'ordre du monde. La Charte de la Terre considère pour acquis que le débat est clos entre, d'une part, l'évolutionnisme matérialiste et, d'autre part, l'évolutionnisme spiritualiste et le finalisme.

Ainsi se révèle le caractère idéologique du document qui utilise un langage à prétention scientifique pour faire passer une vision du monde et de l'homme totalement fermée à la transcendance. Plus précisément, la Charte veut faire accepter comme seul valable le paradigme holistique, strictement mécaniciste et immanentiste, et les « valeurs » purement utilitaires qui en sont le corollaire. Il y a des séries de phénomènes qui se déterminent au fil du temps et dans le monde. À l'homme de se soumettre à ces déterminismes.

Reste une dernière question. Au nom de quoi et en vertu de quel mandat, deux ONG, le Conseil de la Terre et la Croix Verte, se sont-elles donné pour mission de préparer cette Charte ? Dans le système onusien, la représentativité de ces deux ONG est nulle. En rigueur, ce document ne devrait engager que ceux qui l'ont rédigé. Et ce n'est pas la mention de quelques noms célébrés par les médias, ni l'évocation de « larges consultations » qui permettront de doper ce texte d'une quelconque légitimité.

Enfin, on se demande au nom de quoi l'ONU s'estime autorisée à conférer à cette initiative un blanc-seing qui, en toute logique, doit la conduire à désactiver la conception réaliste des droits de l'homme.

---

1. Voir par exemple Michael Denton, *L'Évolution a-t-elle un sens ?*, Paris, Éd. Fayard, 1997.

CHAPITRE V

Les droits contre le Droit

Nous avons vu jusqu'à présent que l'ONU a adopté et veut à présent imposer au monde entier une interprétation à la fois *inversée*, *volontariste* et *holistique* des droits de l'homme. Par touches successives, comme l'exige la tactique du salami, elle répudie sournoisement la conception traditionnelle des droits de l'homme. En mesurant les mots, nous devons constater que le mouvement dont l'ONU a pris la tête ne peut conduire qu'à l'abîme. C'est ce que nous allons montrer.

De l'individualisme à l'absolutisme

Pour répondre aux revendications utilitaristes et hédonistes des individus, il est éclairant de se souvenir de la démarche de Hobbes. Il faut voir dans le *Léviathan* une vision prémonitoire de ce qui se déroule sous nos yeux. Comme l'avait pressenti l'auteur du *Léviathan*, pour être cohérent avec lui-même, l'hyper-individualisme appelle non seulement un *absolutisme* éclairé, mais un *totalitarisme « éclairé »*[1]. Le nouveau Léviathan trouve son incarnation dans une technocratie dictant aux individus quelles sont, pour eux, les voies de la justice et du bonheur.

Telle est la dérive vers laquelle se précipite inévitablement l'ONU dans la mesure où elle a pris le parti de désactiver les références anthropologiques et morales qui ont justifié sa naissance et légitimé sa mission de paix et de développement.

Certes, pour le moment, le directoire mondial qui se met en place sous son égide n'est pas un gouvernement de juges. C'est plutôt un gouvernement d'administrateurs qui veulent régenter la planète en détruisant les législations nationales qui les gênent et en neutralisant les discordants. De fait, comme nous l'avons déjà relevé, la plupart de ces législations nationales honorent les droits de l'homme tels qu'ils ont été proclamés en 1948. Alors, les bureaucrates onusiens essayent de se doter d'instruments juridiques échappant au contrôle des nations. Avec le concours de certaines ONG gorgées de ressources, et qui se sont organisées en *forum* permanent, le droit propre aux nations tend à être vidé de lui-même et le pouvoir politique de ces nations souveraines tend à être réduit comme une peau de chagrin. Une fois que le *droit* des nations aura été vidé de sa substance et que le pouvoir *politique* de celles-ci aura été ruiné, ou acheté, ces nations se trouveront privées du rempart contre le totalitarisme que constituait, précisément, leur droit traditionnel. Les « nouveaux droits » contre le Droit, en quelque sorte.

Le précédent de Kelsen mérite d'être rappelé[2] : le triomphe du positivisme juridique échafaudé par cet auteur a privé l'Autriche et l'Allemagne d'un droit d'inspiration classique qui

---

1. Sur la différence entre ces deux notions, voir *supra*, l'Introduction, pp. 9 s.

2. Nous retrouverons Kelsen dans la deuxième partie, pp. 133-172.

eût été une arme puissante pour prévenir et combattre le nazisme.

Quelle Cour pénale internationale ?

Ici apparaît le bien-fondé des craintes liées à la création, le 18 juillet 1998, de la Cour pénale internationale[1] (CPI). Sans doute, cette Cour, voulue depuis longtemps par l'ONU, comble-t-elle une lacune grave puisqu'elle vise à réprimer les crimes de guerre, les crimes contre l'humanité et les génocides ; elle aura aussi un rôle dissuasif de grande importance. Il faut aussi relever que, bien que tardive, la création de cette Cour s'inscrit dans le droit fil de la conception traditionnelle des droits de l'homme, au nom desquels ont été menés les deux procès de Nuremberg : celui des dirigeants d'organisations nazies (du 20 novembre 1945 au 1er octobre 1946) et celui des médecins nazis (du 9 décembre 1946 au 20 juillet 1947).

Or sous la pression de certains lobbies, notamment féministes radicaux et/ou homosexuels, la compétence de cette Cour pourrait s'étendre aux « crimes » concernant les soi-disant « nouveaux droits de l'homme » obtenus selon la procédure « consensuelle », protégés par des conventions et fluctuant au gré de la jurisprudence ou des forces en présence. La conception des droits de l'homme à laquelle la Cour pénale internationale devra se référer apparaît donc d'ores et déjà comme hybride, puisqu'elle oscille entre la conception réaliste des droits de l'homme et la conception consensuelle qui s'exprime dans les soi-disant « nouveaux droits ». Cette faille risque d'hypothéquer le crédit de cette Cour et expose celle-ci à des manipulations en tout genre.

---

1. Pour que le traité relatif à la CPI entre en vigueur, soixante signatures sont nécessaires. La France a été le douzième pays à le ratifier, le 9 juin 2000.

Ainsi – après l'approbation de nouveaux instruments comme la Déclaration des défenseurs ou la Charte de la Terre[1] – des crimes contre les « nouveaux droits de l'homme » pourraient être jugés par cette Cour. Exemple : dans la mesure où l'avortement et l'homosexualité seraient reconnus comme de « nouveaux droits de l'homme », les opposants à l'avortement, à l'homosexualité, à l'euthanasie, etc., pourraient être jugés par la Cour pénale internationale[2].

À ce premier motif de crainte s'ajoute le fait que les États-Unis – non plus que la Chine – n'ont pas adopté le Traité. Ils craignent en effet que certains de leurs citoyens, entre autres les militaires, ne soient traduits directement devant cette juridiction. Ce qui est ici en question c'est, une fois de plus, la souveraineté des États, et plus précisément la « compétence nationale[3] ». Comment un État peut-il admettre qu'un de ses ressortissants soit cité directement à comparaître devant la CPI sans voir, dans cette citation, une entorse limitant sa souveraineté ?

On peut enfin craindre que cette Cour pénale internationale suive une évolution comparable à celle de la Cour Suprême des États-Unis. On sait que cette dernière joue de fait un rôle exorbitant en matière législative, rôle que la Constitution ne lui reconnaît pas. On sait aussi que cette même Cour Suprême affaiblit la juridiction des États fédéraux[4].

---

1. Voir ci-dessous; sur la Charte de la Terre, *cf. supra*, chapitre IV, pp. 61-70.

2. Lors de discussions qui ont précédé la création de la nouvelle Cour, les féministes radicales ont été très actives. Elles auraient voulu que toute grossesse survenant dans un contexte où n'existe pas le « droit à l'avortement » puisse être dénoncée comme grossesse forcée – *enforced pregnancy*. Si elles devaient être suivies, les États refusant l'avortement ainsi que les groupes de personnes s'opposant à l'avortement pourraient être traduits devant la nouvelle Cour pénale internationale.

3. Le domaine de la compétence nationale est mentionné dans la Charte des Nations Unies, art. 2, § 7.

4. Cette réflexion nous est suggérée par Mary Ann GLENDON, dans « Du

La Déclaration sur les défenseurs des « nouveaux droits »

D'autres motifs d'inquiétude surgissent à propos de la Déclaration sur les défenseurs des droits de l'homme. Le 26 avril 2000, la Commission des droits de l'homme de l'ONU, siégeant à Genève, adoptait par 50 voix sur 53, la résolution créant le poste de Représentant spécial du Secrétaire général de l'ONU chargé de la protection des défenseurs des droits de l'homme[1]. L'intitulé de ce texte, dans sa version divulguée le 8 mars 2000, est ainsi libellé : « Déclaration sur le droit et la responsabilité des individus, groupes et organes de société pour promouvoir et protéger les droits de l'homme universellement reconnus et des libertés fondamentales[2] ».

Le projet de Déclaration avait d'abord été discuté en mai 1998, déjà à la Commission des droits de l'homme de l'ONU, réunie à Genève. Cette Déclaration devait être recommandée par l'ECOSOC (Conseil économique et social des Nations Unies) au cours de sa session d'été 1998 (fin juillet-début août); elle devait être approuvée mi-septembre de la même année par l'Assemblée générale de l'ONU. Selon cette Déclaration, les « nouveaux droits de l'homme » devraient être activement promus et rapidement inscrits dans les législations nationales. Alors que les agents travaillant pour ces « nouveaux droits » (« Human Rights Workers ») devraient être protégés, les opposants à ces « nouveaux droits » devraient être poursui-

---

bon usage de la Constitution américaine », brillante interview publiée dans *Pierre d'angle* (Aix-en-Provence), 3, 1997, pp. 35-46; *cf.* spécialement p. 43.

1. La visite des sites suivants est recommandée :
<http ://www.hri.ca/uninfo/hrbodies/defender.shtml>
<http ://www.unhchr.ch/html/intlinst.htm>
<http ://www.lchr.org/lchr/un/defenders.htm>

2. Le texte porte la cote A/RES/53/144. Voir les références de ce texte à la note précédente.

vis et punis. Ces opposants pourraient être des États, des groupes ou des particuliers.

Cette Déclaration vise d'abord à mettre les « défenseurs » les plus radicaux des « nouveaux droits de l'homme » à l'abri de toute opposition ou poursuite. Ces « défenseurs » devront donc bénéficier de la protection de l'ONU et des États. Ainsi, même les lois nationales réprimant les perversions sexuelles pourront finir par être abolies. Ni les États, ni les particuliers ne pourront s'opposer à ces pratiques, dès lors que celles-ci auront reçu le label de « nouveaux droits de l'homme » (*cf.* art. 7 de la Déclaration sur les défenseurs [1]). Dans sa dernière formulation, cet article 7 porte : « Individuellement ou en association avec d'autres, chacun a le droit de développer et de discuter de nouveaux droits de l'homme, idées et principes, et de revendiquer (*advocate*) leur acceptation. » Les agents-défenseurs des droits de l'homme pourraient donc déclarer de « nouveaux droits » qui n'auraient même pas été « négociés ». En outre, ils bénéficieraient, pour faire respecter ces « nouveaux droits », de l'aval que leur assure la Déclaration. Celle-ci garantit en effet non seulement le privilège de l'initiative mais aussi celui de l'immunité.

Il s'ensuit que, dans la mesure où la Déclaration universelle de 1948 est en opposition avec les prérogatives des agents-défenseurs des droits de l'homme, cette même Déclaration de 1948 devra être considérée comme discriminatoire et traitée comme telle. Particulièrement explicite est l'article 9 du texte de la Déclaration sur les défenseurs, qui prévoit que les individus et associations s'opposant à ces soi-disant « nouveaux droits » pourront – et même devront – être poursuivis en

1. Des extraits du *Projet de déclaration sur les défenseurs des droits de l'homme* ont été publiés dans *Le Monde* du 8 décembre 1998, p. 19; curieusement, l'article 7, particulièrement important, a été gommé de cette sélection.

justice. Quant à l'article 12, il prévoit que les États devront protéger les défenseurs des « nouveaux droits », contenir et même punir ceux qui s'y opposeront.

Ces poursuites seront de la compétence des juridictions nationales, mais il ne fait aucun doute qu'elles seront également du ressort de la Cour pénale internationale. L'association NAMBLA (North American Man/Boy Love Association) a déjà fait savoir qu'elle espérait bénéficier de la protection que la Déclaration devrait offrir, selon elle, aux militants de la pédophilie[1]. Aussi bien, des voix se sont déjà élevées pour réclamer la « majorité sexuelle » à 10 ans !

AMI, vraiment ?

L'influence de cette nouvelle conception, intégralement positiviste, du droit est même perceptible hors des strictes limites de l'ONU. À l'OCDE, et dans une discrétion suspecte, les principaux pays industrialisés discutent un Accord Multilatéral sur les Investissements, appelé par antiphrase AMI[2]. Si les 29 pays concernés arrivent à un « consensus », les droits que les investisseurs se seront définis et attribués l'emporteront sur les droits de tous les autres pays. Les droits des populations pauvres à l'alimentation, à la santé, à l'instruction, à la vie même, leur droit à disposer d'eux-mêmes, leur souveraineté : tous ces droits seront subordonnés à la volonté discrétionnaire de l'oligopole issu de l'AMI.

---

1. Sur cette association, voir « USA : enquête sur la responsabilité des groupes pédophiles », dans *Correspondance européenne* (Rome, Bruxelles, Paris), CE 48, 10 août 2000, p. 6.

2. Ce projet a notamment été dénoncé avec vigueur à l'occasion de la « Nuit des Césars » par l'actrice française Brigitte Fossey, membre du Conseil économique et social, dans une interview à la RTBF (Bruxelles), le 1er mars 1998.

En outre, selon un schéma analogue à celui que nous avons relevé à l'ONU, pour être efficace, cet AMI devra pouvoir compter sur une juridiction appropriée. Les multinationales exerceront ici la *pression* exercée ailleurs par les ONG. Elles pourront éventuellement traduire en justice les États récalcitrants qui s'opposeront aux intérêts des signataires de l'AMI.

Tout au long de cette revue, une question s'est imposée avec une netteté croissante. L'Europe, plus précisément l'Union européenne, souscrit-elle à cette vision onusienne des « nouveaux droits » ? N'est-ce pas d'elle que peut surgir une impulsion libératrice ? C'est ce que nous devrons examiner ultérieurement[1].

1. *Cf. infra*, le chapitre IX, pp. 113-124.

Chapitre VI

De la tolérance
à l'inquisition laïque

Que les « nouveaux droits » de l'homme par l'ONU soient porteurs d'un nouveau totalitarisme, c'est ce que confirme le recours incessant et captieux à la tolérance. Nous allons montrer d'abord que l'usage de ce mot masque un relativisme prêt à tout accepter, y compris le pire. Ensuite nous montrerons que cette tolérance est utilisée par le laïcisme international pour imposer un rationalisme inexorablement anti-chrétien.

Tolérance et violence

De la tolérance *doctrinale à l'*intolérance *civile*

À l'occasion des guerres de Religion et sous l'impulsion de Jean Bodin, le thème de la tolérance a été fort développé depuis le XVIe siècle. Peu à peu, l'illuminisme traite ce thème pour lui-même. Ces développements résultent de l'affirmation de plus en plus claire de l'autonomie des individus, de leur prétendue liberté de pensée, du « rejet de tout dogme » (entendez de toute vérité révélée, y compris de la possibilité de celle-ci), de toute autorité. Il résulte également du scepticisme ou de l'agnosticisme philosophique : à partir du moment où nul n'est en mesure de connaître le vrai et le bien, chacun doit respecter les opinions et les décisions des autres. La tolérance ainsi conçue implique évidemment un relativisme moral, dont l'individu peut sortir en choisissant – « en totale liberté » – ce qui lui plaît, ce qui lui est utile.

Cette tolérance, qu'on peut appeler « doctrinale », doit cependant être distinguée de la véritable tolérance, la tolérance « civile » : celle-ci a pour objet, non des positions philosophiques ou morales, mais des hommes et des femmes concrets. Ces hommes et ces femmes, je dois les respecter quelles que soient leurs opinions[1].

À première vue, la distinction entre ces deux formes de tolérance est claire et nette. Je puis par exemple respecter parfaitement M. Dupont, même s'il ne partage pas mes opinions philosophiques. Cependant, en réalité, les choses sont souvent bien plus complexes. Tel est justement le cas dès que sont mis en question les droits de l'homme et la démocratie. En effet, si je pose en principe que la société en général, la société politique en particulier, doit être totalement tolérante *doctrinalement*, c'est-à-dire indifférente face à toutes les questions relatives à la vérité, au bien, au mal, etc., cette même société se trouve évidemment dans l'incapacité totale de dire ce que sont les droits de l'homme. Ce vide de références reconnues comme vraies plonge la société dans une inconnaissance, et même une

---

1. Nous avons examiné cette question de la tolérance dans *Droits de l'homme et technocratie*, Chambray-lès-Tours, Éd. CLD, 1982, pp. 28-32; voir aussi *Démocratie et libération chrétienne*, pp. 70 s.

inconoscibilité, de ce qui est bon ou mauvais pour l'homme et pour la société.

En raison même de l'agnosticisme qu'elle implique, la *tolérance* doctrinale, avec son relativisme intégral, finit donc tôt ou tard par déboucher sur l'*intolérance* civile. En effet, si, selon *ma* conception de la morale, je puis exploiter, exclure ou éliminer autrui, les autres doivent faire preuve de tolérance à mon égard et admettre que j'exploite autrui. Il n'y a plus de repères, puisqu'il n'y a plus de bases; il n'y a plus d'interdits, puisqu'il n'y a plus rien à transgresser; il n'y a plus de prescrits, puisqu'il n'y a plus de devoirs. Prétendre que la tolérance civile est possible là où toutes les affirmations sont aussi vraies, ou fausses, les unes que les autres, c'est faire fort peu de cas de l'homme; c'est nier sa sociabilité et, à bref délai, le renvoyer dans la jungle.

Or, précisément parce que les théoriciens de la tolérance doctrinale posent au principe que « toutes les idées se valent » et que, dès lors, les spectres de la jungle ou de l'anarchie ne sont pas loin, il faut trouver une issue à cette *aporie*, à ce chemin sans issue. On sait ce qui se passe alors. En une première démarche, il s'agit de vider de sa substance la Déclaration de 1948 et les autres documents appartenant à la même tradition humaniste. On commence par introduire des dérogations. La loi Veil de 1975, légalisant l'avortement en France, *déroge* au droit fondamental de tout être humain à la vie, qu'elle a pourtant affirmé dans la première phrase de son article premier. Dès la seconde phrase de ce même article, la dérogation est introduite et elle est légalisée dans les articles suivants.

La *dérogation* est par elle-même révélatrice de la gêne, de la honte, voire de la mauvaise foi du législateur : dans les conditions que celui-ci définit, le législateur *permet* ou *autorise* qu'il soit porté atteinte à la vie humaine; l'idée d'un mal que l'on admet est encore sous-jacente. Or les dérogations sont bientôt érigées en « nouveaux droits ». Il n'est plus question de considérer que l'homme et ses droits sont des donnés premiers. La tolérance *civile*, qui pousserait à reconnaître que l'homme est le sujet de ces droits, est ici disqualifiée au nom du relativisme subjectif et de la tolérance *doctrinale*. Alors, pour sortir de cette aporie, de cette impasse, on échafaude une nouvelle conception des droits de l'homme, qui n'a rien à voir, ni dans sa source ni dans son contenu, avec la conception humaniste traditionnelle, ainsi que nous l'avons déjà expliqué ci-dessus dans notre analyse du consensus[1].

Un rationalisme anti-chrétien

En pratique, le thème de la tolérance est un paravent utilisé par le *laïcisme* international pour masquer sa volonté d'imposer et de généraliser une pensée rationaliste fondamentalement anti-chrétienne.

Par *laïcisme*, on entend d'une part une *doctrine* intégralement rationaliste qui lutte pour l'élimination de toute croyance chrétienne et religieuse en général. Cette doctrine donne lieu à des programmes d'action. Par *laïcisme*, on entend alors des *mouvements* d'action militant pour faire triompher ce rationalisme anti-religieux chez les individus et dans la société. Il est bien connu que la franc-maçonnerie est l'un des principaux vecteurs du laïcisme, entendu dans les deux acceptions qui viennent d'être rappelées[2].

Or, ce laïcisme se présente comme le gardien de la tolérance, mais d'une tolérance qui est piégée, ainsi que nous l'avons

---

1. Voir en particulier pp. 38-45.
2. Il est recommandé de visiter les sites spécialisés à partir de : <http://humanist.net/websites>

expliqué. En fait, au nom de cette tolérance, ce que veut ce laïcisme, c'est étouffer la voix de l'Église, sous prétexte que celle-ci serait « intolérante » en raison du fait qu'elle annonce un message vrai, et qu'elle admet l'ouverture à la Révélation de Dieu dans le temps.

Le *laïcisme* remonte par là le cours du temps. Il reproche à l'Église d'aujourd'hui de vouloir intervenir intempestivement dans les affaires politiques au nom de sa doctrine et de sa morale. Il s'agit là d'une situation qui s'est sans doute produite dans l'histoire de l'Église mais qui ne se vérifie plus. Depuis longtemps, toute volonté théocratique a disparu de l'Église; elle subsiste encore cependant dans des religions non chrétiennes comme l'Islam.

En revanche, ce même laïcisme dont nous parlons veut restaurer à son seul profit un césaropapisme totalement sécularisé où César, c'est-à-dire le pouvoir politique, veut gouverner la société et les consciences au nom de la religion que lui-même institue. Le césaropapisme nouveau consiste à imposer le rationalisme intégral à la société et aux consciences, en utilisant le label de la tolérance. Or, comme nous l'avons vu, de par sa nature, cette conception de la tolérance justifie et même requiert l'exclusion des « dissidents », de ceux qui revendiquent le droit à la différence, de ceux qui refusent ce rationalisme et restent ouverts à la Révélation. Cette soi-disant tolérance donne lieu à une religion séculière. Elle devient *religion civile*, système de pensée unique. Elle est censée légitimer le pouvoir politique et implique, pour se protéger, une inquisition séculière impitoyable.

L'histoire contemporaine est riche en enseignements sur ce genre de césaropapisme. Le communisme, tant dans sa forme soviétique que chinoise, montre bien qu'un régime radicalement « laïciste », pour rester cohérent avec lui-même, *se doit* d'être intolérant; il a besoin de se doter d'un magistère laïque et d'instruments de répression de la déviance.

C'est vers la restauration d'un césaropapisme de ce genre que conduit la conception de la tolérance actuellement développée à l'ONU, patronnée et généralisée par elle. L'obstination dont elle témoigne pour imposer ses « nouveaux droits de l'homme » révèle que l'ONU a l'ambition de *se poser en église sécularisée, prétendant imposer son rationalisme à la société humaine et à l'universalité des consciences.*

L'attelage entre le laïcisme et la tolérance, entendus au sens que nous venons d'expliquer, n'a rien de surprenant. Tous deux considèrent comme un fait démontré que le christianisme est un danger pour la société politique. Plus précisément, le *laïcisme* considère que le christianisme est *intolérable* parce qu'il mettrait en danger la *laïcité*, c'est-à-dire la distinction et la séparation de la société politique et de l'Église.

Or, que comporte exactement cette séparation, caractéristique centrale de la *laïcité* ? Elle postule que le pouvoir politique n'empiète pas sur le pouvoir religieux, ni le pouvoir religieux sur le pouvoir politique. Or on sait qu'actuellement, la séparation des deux sphères, politique et religieuse, ne fait pas problème dans les pays démocratiques. Si donc, au nom du laïcisme, on y revendique la *laïcité*, c'est-à-dire la séparation de la société politique d'avec l'Église, on ne fait qu'enfoncer une porte ouverte. En revanche, dans les sociétés ou les institutions où, au nom de la pseudo-tolérance, le *laïcisme* veut imposer un système de pensée unique, il ne respecte pas la nécessaire distinction entre les deux plans.

Il s'ensuit que si, au nom du laïcisme, on attend des institutions politiques – nationales, internationales ou supranationales – qu'elles donnent leur caution à un rationalisme radical, rejetant *a priori* la possibilité même d'une Révélation, alors on en revient à une situation semblable à celle qui existait avant que ne fût admise la laïcité. César, c'est-à-dire le pouvoir politique, est aussi « pape », c'est-à-dire chef de la religion civile. Il impose son rationalisme radical, sa religion séculière, comme principe exclusif d'intégration sociale. Toute référence à d'autres principes est vouée à être déclarée irrationnelle et est frappée d'exclusion.

Sous couvert de liberté et de tolérance, on voit ainsi se profiler les structures d'une société où seul subsiste un acte de liberté : consentir à la servitude.

Voilà où aboutit la lecture onusienne du libéralisme de Hobbes, revu et complété par le socialisme de Rousseau.

Chapitre VII

Pékin + 5 : une histoire de grain de sable

Du 5 au 10 juin 2000 s'est tenue à New York la conférence de l'ONU célébrant le cinquième anniversaire de la Conférence de Pékin[1]. Il s'agissait de dresser un bilan : le plan d'action défini en 1995 a-t-il été exécuté ? A-t-il rencontré des obstacles ? Que faut-il faire pour aller plus avant ? La réunion de juin était désignée officiellement sous le titre : « Women 2000 : Gender Equity, Development and Peace for the 21st Century[2] ». Quelque 8000 participants représentaient 180 pays, et 2000 ONG avaient envoyé leurs délégués.

---

1. Voir à ce sujet *Le crash démographique*, pp. 92-94.
2. Le document final adopté par l'assemblée plénière de la vingt-troisième session spéciale de l'Assemblée générale intitulée « Women 2000 : Gender Equity, Development and Peace for the Twenty-first Century », a pour titre *Further actions and initiatives to implement the Beijing Declaration and the Platform for Action* ; il comporte 44 pages de texte serré. Sur cette conférence, on visitera les sites suivants (on y trouvera le texte du document final ainsi qu'une analyse descriptive de celui-ci) :

<http://www.un.org/womenwatch/daw/followup/beijing+5.htm>

Malgré ce déploiement d'artillerie lourde, malgré de nombreuses réunions préparatoires, cette conférence s'est achevée « sans grands résultats » selon l'expression euphémique du journal *Le Monde*[1].

LES ACTEURS EN PRÉSENCE

Délégués et fonctionnaires

Divers acteurs étaient en présence. Particulièrement déterminé se détache le groupe des pays riches appuyés – faut-il le dire ? – par les fonctionnaires de l'ONU. Tous étaient bien décidés à faire adopter, ou à accélérer le processus menant à adopter, les « nouveaux droits de l'homme » selon l'ONU.

Rappelons ces droits qui se regroupent autour des « droits sexuels » :

– Perspective du « gender » : les différences de rôle entre l'homme et la femme dans la société ne sont pas naturelles; elles sont culturelles.

– « Orientation sexuelle » : chacun est libre de choisir son sexe ou d'en changer; unions homosexuelles avec « droit » d'adoption.

<http://www.un.org/womenwatch/daw/followup/analysis.html>
<http://www.un.org/womenwatch/daw/followup/finaloutcome.pdf>
On se reportera également aux informations et analyses divulguées par les agences Zenit et ACI Prensa, avant, pendant et après la Conférence. Mention spéciale doit être faite des dépêches d'Austin RUSE divulguées par le Catholic Family & Human Rights Institute (C-Fam), spécialement les 9, 19 et 23 juin. Adresse du site : <www.c-fam.org>; adresse e-mail : <c-fam@c-fam.org>

1. *Cf.* la livraison des 11 et 12 juin 2000.

– Multiples « modèles » de « familles » : famille naturelle, monogamique et hétérosexuelle ; « familles » monoparentales, unions de personnes du même sexe. « Droit » de répudiation du conjoint ou partenaire.

– « Services de santé » pour les femmes, entendant par là l'accès légalisé et facile à la contraception sous toutes ses formes et à l'avortement.

– Éducation sexuelle obligatoire des adolescents dans la perspective du « gender » et de l'« orientation sexuelle » ; liberté sexuelle, soustraite au contrôle des parents, pour les adolescents. Cette rubrique comporte l'accès facile et discret à la contraception et à l'avortement, des dispensaires ou « cliniques » *ad hoc* dans les écoles. Certains vont jusqu'à réclamer la « majorité sexuelle » à partir de 10 ans ; d'autres revendiquent le droit à la pédophilie.

– Droits des « sex workers », poussant les USA à refuser de condamner la prostitution ; attitude complaisante de plusieurs pays vis-à-vis de la pornographie, etc.

Comme on peut le constater, il s'agit là des « nouveaux droits de l'homme » propagés par l'ONU et/ou martelés par les représentants des pays riches : USA, Canada, Union européenne.

Les féministes radicales

Ces mêmes « droits sexuels » sont appuyés bruyamment, et souvent avec une violence verbale atterrante, par diverses ONG féministes radicales. À Pékin + 5, elles sont revenues en force avec leurs vieilles lunes. Le catalogue comprend, cela va de soi, les « droits sexuels » qu'on vient de rappeler et, en plus, le thème de la discrimination et celui des opportunités d'emploi. On n'a pas échappé à la ritournelle habituelle des auto-nommées « Catholics for Free Choice », selon lesquelles « le Vatican s'oppose à la libération de la femme[1] ».

Opposants au « colonialisme sexuel »

La Conférence « Women 2000 » se distingue des autres conférences du même genre par l'affirmation de plus en plus claire du *dissentiment* de certains pays. Plusieurs pays du Moyen-Orient, d'Afrique, d'Amérique latine ont introduit un grain de sable dans la belle mécanique. Ils ont rejeté la vulgate onusienne concernant les « droits sexuels » et l'« orientation sexuelle ». Mention spéciale doit être faite des positions prises dans ces domaines surtout par le Sénégal et le Nicaragua, mais aussi par l'Égypte, la Libye, le Pakistan et le Soudan. La Pologne elle-même ne s'est pas laissé méduser par le chantage à la marginalisation dans la Communauté européenne, au cas où elle ne s'alignerait pas sur le fameux « consensus[2] ».

On a remarqué en outre le rôle accru joué par le Groupe des 77 qui, en fait, rassemble actuellement 138 pays en développement. La plupart de ces pays ont une conscience de plus en plus nette des dangers que représente pour eux l'idéologie des « nouveaux droits de l'homme ». Ils savent en particulier que cette idéologie a notamment pour but de donner un semblant de « légitimation » aux programmes visant à juguler la croissance démographique de leur population[3]. Selon une expres-

---

1. Sur ce lobby et son financement, voir la brochure de Magaly LLAGUNO et James MILLER, *Católicas pelo Direito de Decidir sem Máscaras*, Brasília, Éd. Human Life International, 2000.

Adresse : <www.providafamilia.org>; pour les versions anglaise et espagnole : <www.hli.org> et <www.vidalhumana.org>

2. Nous reviendrons plus loin sur le cas de la Pologne. Voir pp. 122 s.; 153.

3. La littérature sur ce thème est légion. Voir, par exemple, *A focus on*

sion qui a fait fortune à cette réunion, la plupart de ces pays rejettent le « colonialisme sexuel » de l'ONU et des pays riches.

Malheureusement, au sein de ce « Groupe des 77 » des divisions se sont manifestées. La vieille recette « diviser pour régner » a été utilisée par les pays riches. Certaines délégations ont cédé aux charmes de la récupération monnayée. Il ne s'agit sans doute là que d'un phénomène résiduel. Si en effet quelques délégués sont sensibles aux dessous-de-table, tous sont unanimes à reconnaître, en privé et en public, que l'acceptation des « nouveaux droits de l'homme » consoliderait les mécanismes les maintenant dans l'humiliation coloniale.

Le Saint-Siège : réalisme et vérité

Dans cette Conférence, comme dans les autres, le Saint-Siège, représenté par le nonce Renato Martino, a joué un rôle majeur[1]. Une fois de plus, il a mis son point d'honneur à *proclamer la vérité*. Il l'a fait par la bouche de Kathryn Hauwa Hoomkwap. Chargée du discours officiel de la délégation pon-

---

Population and Human Rights, livret publié par l'UNFPA (FNUAP), New York, 1998. Plus de détails à ce sujet dans *Le crash démographique, passim.*

1. Nous disposons d'un remarquable recueil consacré à l'action du Saint-Siège à l'ONU. Ce recueil a été préparé par Carl J. MARUCCI et a pour titre *Serving the Human Family. The Holy See at the Major United Nations Conferences*, préfaces du Cardinal Angelo SODANO, secrétaire d'État, de Son Excellence Mgr Jean-Louis TAURAN, secrétaire pour les relations avec les États, et de Son Excellence Mgr Renato MARTINO, nonce apostolique et observateur permanent du Saint-Siège aux Nations Unies, New York. L'ouvrage est publié à New York par The Path to Peace Foundation, 1997. Pour une étude d'ensemble, on peut se reporter à l'ouvrage de Jean-Yves ROUXEL, *Le Saint-Siège sur la scène internationale*, Paris, Éd. L'Harmattan, 1998. Il s'agit d'une étude très fouillée, à la fois historique et juridique, de l'action du Saint-Siège.

tificale, cette Nigérienne a ramené le débat, avec beaucoup de justesse, sur le terrain qu'il n'aurait jamais dû quitter : celui du réalisme et de la vérité. Prenant à contre-pied les idéologues du sexe, la porte-parole du Saint-Siège a rappelé que les femmes avaient besoin d'eau potable, de nourriture, de scolarité, de travail, de protection contre les maladies de la pauvreté, de respect. Comment les pays en développement, qui ont préservé leur bon sens et leur réalisme, ne souscriraient-ils pas massivement à un programme aussi concret ?

Un bilan prometteur ?

Quelles surprises ?

Après ce tableau contrasté, on ne s'étonnera pas d'apprendre que la rédaction du document final a réservé des surprises, bonnes pour les uns, décevantes pour les autres. Les passages sur les « droits sexuels » et les « orientations sexuelles » ont été passés à la moulinette; la famille traditionnelle, c'est-à-dire naturelle, n'a pas été dépréciée. Observateur permanent du Saint-Siège à l'ONU, le nonce Renato Martino avait toutes les raisons de manifester sa satisfaction à l'issue des travaux. Il n'était pas le seul à le faire.

On comprendra pourtant que ses sentiments n'aient pas été partagés par Patricia Flore, leader remuante de la délégation allemande. Terrassée par son désaveu, celle-ci abandonnait le navire avant même la conclusion des travaux. La déception des délégués européens était pratiquement générale[1]. Pour Mme Nafis Sadik, qui espérait terminer sa carrière en apo-

1. Voir *infra*, pp. 118 s.

théose, c'était pour ainsi dire l'échec de toute une vie. Elle ne put contenir ni ses larmes, ni sa hargne, tançant les délégués qui avaient fait voler en éclat le consensus pré-imposé et consommant son dérapage final en pressant les personnels médicaux d'apprendre à faire des avortements, même si c'est contre leur conscience ! Étonnante façon de tirer sa révérence...

La force de la prière et de la vérité

Ce qui s'est passé à la Conférence « Women 2000 » justifie néanmoins un certain optimisme. Pour la première fois depuis des années, le réalisme est revenu en force. Ce retour à la vérité des situations, ainsi qu'à la vérité des droits de l'homme et de la femme, a activé, dans et en dehors des milieux chrétiens, des sources de courage que la force irrésistible d'une voix fraternelle et prophétique suffisait à dynamiser.

Ce regain d'intérêt pour la vérité et la justice a encore été favorisé par le sentiment, tout à fait justifié, d'inefficacité totale laissé par la série pléthorique des réunions précédentes. Les pays les plus concernés par le développement éprouvent un sentiment de lassitude de plus en plus intolérable face à des « programmes » et autres « plans d'action » dont ils ne sont pas dupes, puisque l'idéologie qui les inspire donne des signes d'essoufflement et fait entendre des craquements prémonitoires, comparables à ceux qui ont précédé l'implosion du système soviétique.

« Women 2000 » est, en particulier, plein d'enseignements pour les chrétiens. La Conférence a révélé avec une évidence fulgurante l'efficacité de la prière et la force de la vérité. Car, ne l'oublions pas, Goliath était bien décidé à foncer sur David. Il est vrai que les chrétiens s'étaient bien préparés et bien organisés, et leur exemple mérite de faire école. « Women 2000 » appelle en effet un suivi. Il est urgent qu'aux niveaux national et local, les chrétiens se forment et s'organisent comme ils le font au plan international, pour pouvoir approcher leurs représentants, leurs gouvernants et leurs délégués, ainsi que les médias de tout niveau, afin de leur ouvrir les yeux sur le terrain miné où ils ont à évoluer[1].

La guerre continue

Mais cet optimisme doit rester très modéré et la circonspection s'impose. Sans doute, les pays riches harcelés (idéologiquement s'entend) par les féministes radicales, ont-ils commis une erreur stratégique majeure en prétendant modifier substantiellement le plan d'action arrêté à Pékin. Or la manipulation a des limites : le plan d'action ne pouvait être altéré[2]. Il est vrai cependant que le document final ne se prive pas d'insister pour que soit signé l'Optional Protocol concernant la Convention pour l'élimination de toute forme de discrimination vis-à-vis de la femme. Adopté le 12 mars 1999, ce Protocole prévoit des poursuites en cas de « violations graves ou systématiques des droits de la femme ». Il prête le flanc à des interprétations dépassant ce qui a été arrêté à Pékin en 1995[3].

Mais la force d'inertie d'un paquebot comme l'ONU est telle que même si un changement de cap soudain et radical y était décidé, il ne pourrait se faire qu'au prix d'immenses difficultés et au bout d'un long délai. Et, pour l'establishment onusien, en se déjugeant. La raison en est à chercher dans le fait

1. Quelques suggestions à ce sujet dans *Le crash démographique*, spécialement le chapitre « Le lobby du pauvre » (pp. 151-162) et le chapitre « Un plan d'action pour la vie » (pp. 163-179).

2. *Cf.* à ce sujet Austin RUSE, dépêche du 10 juin 2000, à l'adresse citée ci-dessus, p. 88, n. 2 de la p. 87.

3. *Cf.* à ce sujet *Le crash démographique*, pp. 107-109.

que tous les rouages de l'ONU sont imprégnés de l'idéologie du « gender » et des « nouveaux droits de l'homme ».

C'est ce qui se passe sous nos yeux, avec le déclin, souvent alarmant, de la fécondité. L'ONU, qui reconnaît ce phénomène, continue imperturbablement à financer des campagnes pour l'alimenter ! À défaut de pouvoir être recyclée, toute une génération de technocrates devrait être remplacée par des fonctionnaires d'esprit libre, apportant du sang neuf afin que la purification idéologique puisse se produire.

Tout porte donc à croire que si une bataille a été gagnée, la lutte continue. À n'en point douter, ceux qui ont été désavoués en juin à New York sont prêts à rebondir sans tarder, et avec une détermination redoublée. Une autre grande conférence sur la femme devrait avoir lieu en 2005. Comme toutes les autres, elle sera précédée d'une kyrielle de « réunions préparatoires ». La conférence de 2005 devrait être organisée en Europe centrale ou orientale. C'est dans ces régions que – selon les vœux ardents des « promoteurs » du *gender* – il serait le plus urgent de faire accepter les « droits sexuels »...

Signe évident que la guerre continue, même si le front se déplace : l'Union européenne vient de peaufiner une Charte des droits fondamentaux, qui reflète à s'y méprendre l'idéologie onusienne des « nouveaux droits de l'homme ». Une Charte que, sans aucun doute, l'Europe s'appliquera à imposer chez elle et à exporter partout où elle trouvera des candidats réceptifs à l'arnaque idéologique[1].

---

1. Sur le cas de l'Union européenne, voir le chapitre IX, *infra*, pp. 113-124, et en particulier pp. 119-122.

CHAPITRE VIII

Le Millenium de tous les périls

En raison de son retentissement particulier et de ses enjeux, la Conférence Pékin+5 méritait qu'on lui consacre l'exposé distinct qui apparaît au chapitre précédent. Cette conférence sur la femme ne saurait toutefois éclipser d'autres événements qui ont jalonné jusqu'à présent l'année 2000. Nous allons examiner quelques-uns d'entre eux en donnant un relief spécial aux initiatives dont s'est chargé, ou dont a été chargé, M. Kofi Annan, Secrétaire général de l'ONU. Au terme de cette revue, il apparaîtra que se précisent tous les motifs de préoccupation que nous avons relevés jusqu'à présent. Nous concentrerons notre attention sur le projet de *globalisation*, déjà connu, mais confirmé par de multiples initiatives convergentes. Notre attention se focalisera plutôt sur les projets économique, religieux et politique[1].

1. Sur le Millenium, consulter :
<http ://www.un.org.french/millenaire/sg/report/key.htm>
<http ://www.un.org.french/millenaire/sg/report/full.htm>
<http ://www.ipsdailyjournal.org>
<http ://www.nscentre.org/tvmonthly>

LE RAPPORT *NOUS, LES PEUPLES*

Un document programmatique

En vue du Sommet et de la 55e Assemblée générale, tenus à New York en septembre 2000, le Secrétaire général avait préparé un *Rapport du Millénaire*, intitulé *Nous, les Peuples,* sur le rôle des Nations Unies. Rendu public le 3 avril 2000, ce rapport se garde de toute référence fondatrice à la Déclaration de 1948. Il est fondé sur les valeurs reflétant l'esprit de la Charte de 1945 : équité, solidarité, tolérance, non-violence, respect de la nature, responsabilité partagée. Ce document programmatique comporte différentes rubriques :

– Nouveau siècle, nouveaux défis;
– Mondialisation et gouvernance;
– Vivre à l'abri du besoin;
– Un monde libéré de la peur;
– Pour un avenir viable;
– Rénover l'Organisation des Nations Unies.

Nous épinglerons certaines thèses exposées dans ces pages, en renvoyant aux numéros figurant dans le rapport.

Il faut redoubler d'efforts pour agir notamment au niveau de la population mondiale, car la croissance de celle-ci, importante surtout dans les pays en développement (93), risque d'accentuer la pauvreté et les inégalités (72). Tel est le fil conducteur du rapport.

> « La démographie, assure ce rapport, n'est pas une fatalité, mais c'est un problème majeur, tant en raison du nombre qu'à cause de la pauvreté et du dénuement auxquels les populations seront vouées si nous n'intervenons pas dès à présent de manière décisive » (94).

Le rapport lance également un appel en faveur de l'instruction des filles : on ne peut certes qu'y souscrire. Mais on s'étonne des motivations avancées, qui ne manquent pas d'une certaine ambiguïté. L'objectif, c'est d'offrir aux femmes un vaste choix d'emplois, afin de leur donner plus de possibilités dans la vie. « Ainsi, elles peuvent choisir de se marier plus tard, ce qui fait baisser le taux de fécondité » (82 s.).

La centralité du droit international et le rôle de la Cour pénale internationale sont également réaffirmés (211). Comme l'homme est supposé être le grand prédateur de la planète, des mesures doivent être prises pour que les dégâts soient limités. D'après le rapport, c'est plus à cause du nombre d'hommes que l'environnement se dégrade, qu'à cause de leur comportement irresponsable :

> « Au cours des cent dernières années, notre milieu naturel a eu à supporter les pressions découlant de l'accroissement de la population humaine qui a quadruplé, et de la production économique mondiale, qui a été multipliée par 18. Selon les estimations, la population mondiale, qui est actuellement de 6 milliards d'habitants, atteindra près de 9 milliards d'individus d'ici à 2050. Le risque de causer des ravages irréparables à l'environnement existe donc bel et bien » (256).

L'incorporation au système légal international

Le 15 mai, Kofi Annan réinsistait sur la centralité du droit international. Dans une lettre adressée aux participants invités au Sommet de septembre, il demandait instamment à ceux-ci de profiter de cette rencontre pour signer les traités et conventions dont le Secrétaire général est dépositaire[1]. Il s'agissait pour les invités « de saisir cette occasion unique d'exprimer leur appui, afin qu'ils puissent s'incorporer au système légal

1. *Cf.* à ce sujet *Noticias globales*, n° 58, du 11 septembre 2000.

international ». Parmi les vingt-cinq traités ou conventions multilatéraux que les participants accrédités étaient invités à signer, figuraient la Convention internationale sur les droits économiques, sociaux et culturels ; la Convention internationale sur les droits civils et politiques ; le second Protocole optionnel de la Convention internationale sur les droits civils et politiques ; la Convention pour l'élimination de toute forme de discrimination vis-à-vis de la femme (CEDAW) ; le Protocole optionnel de la Convention sur l'élimination de toute forme de discrimination vis-à-vis de la femme ; la Convention sur les droits de l'enfant ; le Statut de la Cour pénale internationale. Signe de l'importance qu'il accorde à ces signatures, M. Kofi Annan est revenu à charge à plusieurs reprises au cours de séances ultérieures.

Le Forum du Millenium

Comme d'habitude, les ONG ont été étroitement associées aux célébrations regroupées sous l'étiquette du Millenium. Mention spéciale doit être faite du Forum qui, une fois de plus, les a réunies à New York, du 22 au 26 mai 2000. Venus d'une centaine de pays, 1350 délégués représentaient des ONG accréditées avec vigilance.

Lors de la cérémonie d'ouverture, M. Kofi Annan a prononcé un discours très révélateur de ce que le Secrétaire général attend de l'ONU. Les ONG, relève M. Annan, « ont fait pression sur les gouvernements et ont travaillé avec eux. » [...] « La révolution des ONG est une des conséquences les plus heureuses de [...] la mondialisation. » Le Secrétaire remarque à ce propos que « ce ne sont pas seulement les peuples et les nations qui sont interdépendants, ce sont aussi les problèmes. »

La mondialisation ne concerne pas seulement les « marchés plus vastes »; pour qu'elle soit « une réussite, nous devons apprendre à mieux gouverner ensemble. » [...] Et il avertit : « Que votre action porte sur la promotion de la femme ou l'éducation, l'aide humanitaire ou la santé, elle ne pourra aboutir que si les bienfaits de la mondialisation sont répartis plus équitablement. » Évoquant ensuite son *Rapport du Millénaire,* que nous venons de présenter, M. Annan se fait aussi solennel qu'inquiétant :

> « Aujourd'hui, je vous demande, à vous ONG, d'être à la fois des chefs de file et des partenaires : quand il le faut, en guidant les gouvernements et en les incitant à se montrer à la hauteur de vos idéaux et, quand il le faut, en travaillant avec eux à la réalisation de leurs objectifs. »

Après avoir demandé aux ONG de soutenir le *Pacte mondial* (dont nous traitons ci-dessous), et abordé la question des transferts de technologie, de l'éducation des filles, de la guerre, du sida, Kofi Annan se fait particulièrement pressant :

> « Vous pouvez, en faisant pression sur les gouvernements pour qu'ils signent et ratifient les traités et les conventions internationales, continuer sur la lancée des campagnes mondiales que vous avez déjà menées avec succès en faveur du renforcement des normes multilatérales et de la mise en place de régimes juridiques. Une fois ces traités et conventions ratifiés, vous pouvez aider à les faire appliquer. Depuis la création de l'ONU, plus de 500 conventions multilatérales ont été adoptées; ensemble, elles constituent un vaste cadre juridique qui pose les bases d'un monde meilleur. » [...] « J'attends de vous que vous fassiez ce que vous savez si bien faire : pousser les gouvernements à l'action en exigeant que la raison d'État cède le pas aux aspirations des peuples. »

Enfin, ne lésinant décidément pas sur la flatterie, le Secrétaire lance cette envolée :

« Vous deviendrez à coup sûr la nouvelle superpuissance. Je ferai, quant à moi, tout ce que je peux pour que nos autres partenaires de la communauté internationale vous écoutent très attentivement[1]. »

On voit donc réapparaître ici quelques-uns des thèmes centraux développés par l'ONU : la mondialisation et le holisme qui l'inspire, et surtout la mise sur pied d'un ordre juridique international. Les ONG sont appelées à répercuter les orientations de l'ONU, en pressionnant, voire en contournant s'il le faut les gouvernements et les parlements nationaux.

Le Pacte mondial

L'appel au secteur privé

Dans l'allocution qu'il devait prononcer lors de l'ouverture du Forum du Millénaire (voir ci-dessus), M. Kofi Annan rappelait la proposition qu'il avait faite en 1999 aux hommes d'affaires réunis au Forum économique de Davos. Il s'agissait de proposer aux parties intéressées l'adhésion à « certaines valeurs essentielles dans les domaines des normes du travail, des droits de l'homme et de l'environnement ». Ce serait là, de l'avis de M. Annan, une façon de réduire les effets négatifs de la globalisation. Selon lui, pour combler le fossé séparant le Nord, riche, du Sud, pauvre, l'ONU doit faire largement appel au secteur privé. Il s'agirait d'obtenir l'adhésion à ce pacte d'un grand nombre d'acteurs économiques et sociaux : compagnies, hommes d'affaire, syndicats, ONG[2]. Ce *Global Compact* ou

1. Ce texte se trouve dans le document SG/SM/7411 du 24 mai 2000; *cf.* les deux premières adresses ci-dessus, p. 97, n. 1.

2. Visitez le site <http ://www.unglobalcompact/org/>

Pacte mondial serait une nécessité pour réguler les marchés mondiaux, pour élargir l'accès aux technologies vitales, pour distribuer l'information, pour divulguer les soins de base en matière de santé, etc. Plusieurs multinationales, couvrant l'ensemble des secteurs de l'activité scientifique, technique et industrielle, auraient déjà souscrit, dont la Deutsche Bank, Dupont de Nemours, BASF, Daimler-Chrysler, BP Amoco, Shell, Unilever, Volvo, etc. Parmi les ONG figurent Amnesty International et le World Wide Fund for Nature. Des personnalités du monde des affaires appuient également ce pacte : Ted Turner, patron de CNN, Bill Gates, Monsieur Microsoft, Georges Soros, milliardaire conquérant, auraient déjà adhéré à ce pacte. Mikhaïl Gorbatchev lui-même s'est prononcé en faveur de ce projet au cours d'un conférence donnée dans le cadre d'un dîner à 500 dollars le couvert : une façon originale de déclarer la guerre à la faim. Ce qui surprend davantage, c'est que plusieurs organisations syndicales internationales aient également adhéré.

Déjà présentés à Davos, neuf principes — pas très explicites, il est vrai — doivent inspirer ce Pacte mondial. Mentionnons quelques exemples : le premier recommande d'appuyer et de respecter les droits internationaux dans leur sphère d'influence; le troisième demande la liberté d'association et le droit de négocier (*bargaining*) collectivement. Les trois derniers portent sur l'environnement, par quoi il faut entendre, entre autres, la population.

Vers une « coalition globale »

Le 26 juillet 2000 s'est tenue à New York une réunion de haut niveau consacrée à ce Pacte mondial. Parmi les conclusions figure l'engagement des compagnies

« à s'associer aux Nations Unies dans des projets de partenariat, soit au niveau de la définition d'une politique [...], soit au niveau opérationnel. [...] Tous les participants sont également tombés d'accord pour impliquer des acteurs supplémentaires et pour atteindre, endéans trois ans, l'objectif d'ajouter à la Coalition globale 100 grandes corporations transnationales et 1000 compagnies du monde entier. [...] Des associations d'entrepreneurs se sont également engagées à commencer des plans concrets en vue de faire progresser les objectifs du Pacte. »

Le Pacte mondial suscite, on s'en doute, de graves interrogations. Peut-on compter sur les grands compagnies mondiales pour résoudre des problèmes qu'elles auraient pu contribuer à résoudre depuis longtemps si elles l'avaient voulu ? La multiplication des échanges économiques internationaux justifie-t-elle l'instauration progressive d'une autorité appelée à régenter l'activité économique mondiale ? De quelle liberté jouiront encore les travailleurs de tout niveau, et les organisations syndicales, si les législations travaillistes, incorporées au droit international, doivent se soumettre aux « impératifs » économiques « globaux » ? De quel pouvoir d'intervention les gouvernements des États souverains jouiront-ils encore pour intervenir, au nom de la justice, dans les questions économiques et sociales ? On voit par là combien ce Pacte est de nature à exténuer les droits de l'homme proclamés en 1948, et combien il risque de précipiter la fragilisation des États souverains. Plus grave encore : comme l'ONU frôle toujours la faillite, elle risque d'être victime d'une OPA de la part d'un consortium de grandes compagnies mondiales, ravies à l'idée de disposer d'un formidable levier politique et juridique. L'empressement montré par ces compagnies à adhérer au Pacte, loin de réjouir, devrait inquiéter.

Le Sommet des leaders spirituels et religieux

À l'invitation de l'ONU, ce Sommet spécial pour la paix a rassemblé quelque 1000 leaders religieux venus du monde entier. Le Saint-Siège y était représenté par le Cardinal Francis Arinze, président du Conseil pontifical pour le Dialogue interreligieux. Ce Sommet révèle la volonté de l'ONU de ratisser très large et d'étendre ses interventions dans des domaines échappant jusqu'à présent à sa sollicitude empressée. Désormais, l'ONU ne fait plus mystère de son désir de franchir le seuil réservé des consciences. C'est ainsi qu'a surgi une curieuse « Initiative unie des Religions », ayant pour objectifs la paix, la santé de la Terre et celle de tous les êtres vivants[1]. Cette Initiative a été fondée en 1995 par un évêque épiscopalien, William E. Swing. Fort mâtinée de Nouvel Âge, cette initiative aurait le projet de créer une religion mondiale[2], qui impliquerait aussitôt l'interdiction, pour toute autre religion, de faire du prosélytisme. Dans la perspective qui est la sienne, la pieuvre onusienne aurait intérêt à appuyer ce projet, car la globalisation ne doit pas concerner les seules sphères de l'économie, de la politique, du droit, etc.; elle doit concerner *l'âme globale*. On rêve, dans ces milieux, d'une « nouvelle éthique planétaire »[3]. Nous retrouvons ici le thème du holisme dans sa forme clairement panthéiste. Les idées de l'« Initiative unie des Religions » devraient, entre autres, être divulguées

1. *Cf.* l'« Informe especial » publié par Zenit dans la *Semana internacional* du 5 août 2000.

2. Sur ce « Sommet spécial », voir, sur internet, le bulletin *Noticias globales*, n° 56, du 9 septembre 2000; *cf.* aussi l'« Informe special » publié dans la *Semana internacional* de l'agence Zenit, 5 août 2000.

3. Ce thème est notamment développé par Hans Küng et par le Parlement des religions du monde. Voir la référence p. 60, n. 2 de la p. 59.

à travers des « Cercles de coopération » composés de quelques personnes, et qui ressemblent, à s'y méprendre, aux « réseaux » du Nouvel Âge.

L'absence du Dalaï-Lama a fait planer un certain malaise dès le début de cette réunion. Le leader spirituel du bouddhisme tibétain, qui vit en exil en Inde, n'avait pas été invité à ce Sommet, pour ne pas indisposer les autorités chinoises... Il n'y a pas qu'en Chine que la liberté religieuse a ses limites.

Les discussions de cette assemblée devaient porter sur la paix, le désarmement, et l'apport des religions à ces deux objectifs éminemment louables. En revanche, on a vu réapparaître les vieilles rengaines sur la tolérance mal comprise[1]. En définitive, ce « Sommet spécial » s'est terminé d'une façon si décevante qu'elle n'augure rien de bon pour l'avenir de l'« Initiative », et moins encore pour l'usage qui sera fait de celle-ci. Il est en effet paradoxal qu'une réunion de leaders religieux se termine par un éloge de la tolérance mal comprise, de l'agnosticisme, du relativisme radical. Il était impensable que le Cardinal Arinze signe une déclaration finale affirmant que toutes les religions se valent.

Le Sommet du Millenium

L'ONU a voulu marquer l'entrée dans le nouveau Millénaire en organisant un nombre pour ainsi dire incalculable de réunions, de réunions préparatoires aux réunions, et de réunions faisant le bilan des réunions précédentes. Des réunions ont pour ainsi dire lieu en permanence. Pour l'an 2001, trois

1. Sur la question de la tolérance, voir *supra*, pp. 79-82.

réunions annoncées sont « importantes » : sur les enfants, sur l'habitat, sur le racisme. Nul doute qu'au cours de ces réunions seront abordées des questions telles que les droits des enfants, leur liberté par rapport à leurs parents; les unions de fait, le développement durable, la perspective du genre, l'orientation sexuelle, le droit international, etc.

En attendant, le calendrier onusien de l'an 2000 a atteint son climax dans le Sommet des chefs d'État et de gouvernement qui s'est tenu à New York du 6 au 8 septembre. Ce Sommet devait être suivi par l'Assemblée générale. Celle-ci s'est tenue du 12 au 16 et du 18 au 22 septembre. Chose vraiment étonnante : autant le Sommet a été médiatisé de façon tapageuse, autant l'Assemblée générale a pour ainsi dire été passée sous silence, du moins dans les jours qui l'ont suivie[1].

Des activités parallèles fébriles

À l'occasion du Sommet, plusieurs réunions étaient programmées et se sont déroulées dans une atmosphère fébrile. Nous n'en mentionnerons que quelques-unes, celles citées par Mme Louise Fréchette, conseillère du Secrétaire général, lors de sa conférence de presse du 24 août 2000 :

1. Réunion du Conseil de Sécurité, le 7 septembre. Il a été consacré, on s'en doute, au maintien de la paix et à la sécurité, et aux réformes nécessaires pour mieux assurer ces objectifs. Il devait être aussi question de la désignation des membres de ce Conseil, et du statut des « membres permanents ».
2. Réunion du Conseil économique et social, sur le transfert de technologie et le développement.

---

1. Les magazines *Time* et *Newsweek*, portant la date du 2 octobre 2000, mais en vente dès le 25 septembre, ne soufflent mot de cette Assemblée. Fantomatique ?

3. Réunion des cinq membres permanents du Conseil de Sécurité.
4. Forum de l'éducation des filles, organisé par l'UNICEF à l'initiative de Mme Annan.
5. Rencontre *Dialogue et Civilisations*, organisé par l'UNESCO à l'initiative du Président Khatami, de l'Iran.
6. Conférences d'ONG avec le Département d'Information publique de l'ONU.
7. Conférence des présidents des parlements nationaux.
8. Rencontre des femmes parlementaires.
9. Forum de l'état du monde : Forum 2000.
10. Sommet mondial des Leaders spirituels et religieux pour la paix[1].
11. Septième conférence annuelle des jeunes hommes d'affaires.

Le Sommet des chefs d'États

Beaucoup retiendront de l'année 2000 qu'elle aura été l'année du Sommet réunissant à New York quelque 170 chefs d'État ou de gouvernement, du 6 au 8 septembre. Couverte par près de 6000 journalistes, cette brillante cavalcade était prévue depuis trois ans. Elle devait être fortement médiatisée, grâce, notamment, à la présence de personnalités à certains égards aussi contrastées que MM. Fidel Castro et Bill Clinton.

Cette réunion s'est caractérisée par un flot de discours d'où s'est d'abord dégagée une touchante unanimité. Tous étaient d'accord pour affirmer la nécessité de lutter contre les maladies, la pauvreté, l'ignorance, la violence, la pollution de l'eau, la dégradation de l'environnement. Tous étaient en faveur de la

1. Voir ci-dessus, pp. 105 s.

paix : c'est toutefois ici que des nuances commençaient à apparaître. Russes et Chinois redoutaient des ingérences dans leurs affaires intérieures, au nom des droits de l'homme. En revanche, au nom de ceux-ci, Nord-Américains et Anglais inclinaient à relativiser quelque peu la souveraineté nationale des autres. D'autres divergences se sont également exprimées concernant la globalisation de l'économie mondiale. Si M. Clinton a stigmatisé l'insuffisance de moyens dont dispose l'ONU, par exemple pour maintenir la paix, il s'est bien gardé d'annoncer que les USA payeraient les 1 700 millions de dollars que son pays doit à l'Organisation. Le même M. Clinton n'a pas davantage annoncé que les États-Unis allaient signer le Protocole de Kyoto (1997) sur la protection de l'environnent.

Au cœur de cette réunion, le Cardinal Angelo Sodano, Secrétaire d'État, a profité de cette circonstance exceptionnelle pour remettre les pendules à l'heure[1]. Il a réitéré l'appui du Saint-Siège à l'ONU, dans la mesure où celle-ci œuvre à la paix, au développement, aux droits de l'homme, et qu'elle respecte l'égalité des membres. Il a rappelé les réserves du Saint-Siège à propos du contrôle démographique, des unions de fait, des confusions concernant la famille.

Comme convenu d'avance, l'Assemblée, debout, a approuvé, en une vibrante et sincère acclamation, une déclaration glorieusement intitulée *Nous, chefs d'États et de gouvernements*. Cette déclaration du 8 septembre entérine le catalogue des bonnes intentions que nous avons énumérées ci-dessus. Elle y ajoute la volonté de promouvoir la liberté et la tolérance, l'égalité, la solidarité, la coresponsabilité, les droits de l'homme et la démocratie. Elle réclame plus de moyens pour garantir la paix. Elle proclame la volonté d'éradiquer la grande

1. Voir le communiqué de l'agence Zenit du 10 septembre 2000, ainsi que l'interview du Cardinal Sodano, *ibib.*, 11 septembre 2000.

pauvreté avant 2015, et, à la même échéance, de réduire de plus de la moitié la mortalité maternelle et infantile.

Au regard d'événements moins répercutés dans les médias, le Sommet du Millenium a été une gigantesque entreprise de diversion, dans les deux sens de ce terme. Il s'est agi, bien sûr, d'un happening tape-à-l'œil, destiné à délasser les invités en donnant à beaucoup l'illusion flatteuse qu'ils allaient engager, pour mille ans, le sort de l'humanité. Mais il s'est également agi d'une entreprise déviant l'attention que méritaient d'autres événements nettement plus importants.

Nous devons également mentionner que le Sommet et l'Assemblée générale du Millenium, ainsi que le bouquet de réunions programmées à cette occasion, ont fait l'objet de 91 manifestations de contestation dans les rues de New York[1].

Vers une concentration de pouvoir sans précédent

La revue à laquelle nous venons de procéder ne porte que sur quelques-uns des moments forts qui jalonnent l'année du Millenium. Une première constatation s'impose avec force. Agissant de son propre chef, ou, plus probablement, très entouré au moment de prendre des décisions, le Secrétaire général s'applique à ériger l'ONU en vivier d'une « élite » mondiale souveraine, et à la transformer en lieu d'une concentration de pouvoir sans précédent dans l'histoire. Déjà, les théoriciens de la guerre totale distinguaient les facteurs qui, réunis en faisceaux, donnaient la mesure de la puissance des nations antagoniques[2]. Classiquement, ces facteurs sont au

1. *Cf. Noticias globales*, n° 56, du 5 septembre 2000.

2. Nous avons analysé cette théorie dans *Destin du Brésil*, spécialement pp. 47-65.

nombre de quatre : politique, économique, militaire et psychosocial. Ce dernier facteur comporte les médias, le savoir, les techniques, l'idéologie, le droit, la religion. Sous couvert de « responsabilité partagée », de développement durable, d'« incorporation au système légal international », l'ONU est en train de mettre sur pied un contrôle super-centralisé des quatre facteurs, non pour faire face à quelque défi qui lui viendrait d'une coalition de nations, mais tout simplement pour régenter le monde et pour s'imposer à lui comme centre incontesté gouvernant tous les facteurs de pouvoir.

Ainsi, elle accroît son pouvoir *politique* en exténuant la souveraineté des nations et en s'efforçant d'imposer la primauté du droit international tel qu'elle le conçoit; elle ne laisse aux gouvernements et aux parlements qu'un rôle résiduel. L'ONU s'assure le partenariat des acteurs *économiques* les plus puissants de la planète. Annonciatrice d'un libéralisme autoritaire, cette alliance facilite le contrôle de l'environnement, ainsi que la mainmise sur le droit commercial et sur le droit du travail; même les syndicats sont en bonne voie de « récupération ». L'ONU entend également se donner des moyens *militaires* renforcés dont on voudrait qu'ils ne puissent servir qu'au maintien de la paix. Mais qui empêchera que les droits de l'homme soient invoqués pour « justifier » des ingérences abusives ? L'emprise de l'ONU s'étend également dans les domaines regroupés autour du *psychosocial.* Qu'il s'agisse du contrôle de l'information, de l'acquisition et de la transmission du savoir, de l'accès aux nouvelles technologies, ou encore des traités et conventions internationaux qui coiffent les droits étatiques, de la Cour pénale internationale, etc. : la tendance est toujours la même et vise la concentration du pouvoir.

Dans une perspective sensiblement plus théorique, nous reprendrons, dans notre deuxième partie, l'examen de cette concentration sans précédent. Bornons-nous pour l'instant à constater que le Millenium est utilisé par l'ONU comme une nouvelle occasion de réaffirmer ses objectifs habituels : développement durable ; contrôle de la population, de la santé, du savoir, des ressources, des échanges internationaux, du droit et des droits de l'homme. Le « partage de responsabilité » est une nouvelle expression piégée signifiant que l'ONU ne se satisfait plus de jouer un rôle subsidiaire[1]. Elle entend se poser en centre de pouvoir mondial et se dote, peu à peu, de tous les appareils de contrôle dont elle a besoin pour exercer ce qu'elle estime être sa mission au cours du nouveau Millénaire.

1. Nous expliquons cette notion pp. 31, 51 et 151 s.

Chapitre IX

L'Europe arnaquée et fière de l'être

Il est bien connu que les USA usent et abusent de l'ONU pour faire prévaloir leurs intérêts. Ils le font parfois avec un cynisme confondant. L'opération « Tempête du désert », menée contre l'Irak en décembre 1998, a montré le mépris dans lequel les États-Unis pouvaient tenir l'ONU lorsque celle-ci gênait leurs convenances. C'est une des raisons pour lesquelles les USA ont refusé de signer le traité créant la Cour pénale internationale. En revanche, chaque fois que cela leur convient, c'est-à-dire fréquemment, les États-Unis se servent de l'ONU comme d'un gigantesque instrument au service de leur projet hégémonique mondial à peine camouflé sous l'étiquette de la « mondialisation »[1].

---

1. Nous examinons ce rôle des USA dans *La dérive totalitaire du libéralisme*, Paris, Éd. Mame, 1995, pp. 59-89; voir aussi *L'Évangile face au désordre mondial*, Paris, Éd. Fayard, 1997, pp. 30 s. et *passim*.

La « terreur blanche »

Le risque réel qui apparaît ici, c'est l'extension et la généralisation, à l'échelle mondiale, du modèle juridique nord-américain d'inspiration anglo-saxonne, au détriment des modèles de tradition latine. Ce modèle anglo-saxon, si accueillant à la coutume et à la jurisprudence, se prête aisément à une utilisation du droit positif comme levier du pouvoir. Tout au long de cet ouvrage, nous avons vu comment ce modèle s'était installé à l'ONU à l'occasion de la promotion des « nouveaux droits de l'homme »[1].

L'Europe, complice et victime

Cependant, pour transformer l'ONU en machine de colonisation « globale », les USA avaient besoin de la complicité des autres pays riches ; pour des motifs obvies, celle du Canada ne pose guère de difficultés. Il est plus étonnant qu'ils aient obtenu sans peine celle de l'Europe, qui a consenti à être la première communauté de nations à tomber dans la nasse[2].

---

1. Gérard-François Dumont et ses collaborateurs ont cerné les caractéristiques des nations européennes en en mettant fortement en lumière les traits communs. La question cruciale y est posée : l'Europe est-elle impuissante à faire respecter les droits de l'homme sur son propre territoire ? *Cf. Les racines de l'Identité européenne*, Paris, Éd. Economica, 1999. Cet ouvrage est préfacé par José María Gil-Robles, alors président du Parlement européen.

2. À ce propos, on se reportera à l'analyse particulièrement pénétrante de Roland Hureaux, dans *Les hauteurs béantes de l'Europe. La dérive idéologique de la construction européenne*, Paris, Éd. François-Xavier de Guibert, 1999. R. Hureaux y met en lumière la tendance centralisatrice et anti-nationale du projet européen qui, pour atteindre ses objectifs, tend à imposer une « Pensée Unique ». C'est vers des conclusions convergentes que nous conduit

Cette neutralisation de l'Europe a été indolore et elle le restera sans doute encore un certain temps : jusqu'au moment d'un dur réveil. Il est donc nécessaire que nous examinions le cas de l'Europe avec une attention spéciale.

Naguère, l'Europe a accepté de baisser sa garde en se désarmant, psychologiquement et militairement, face au péril communiste, pourtant persistant[1]. Elle manque encore davantage de vigilance face aux périls venus de New York et de Washington, qui menacent aujourd'hui son identité morale, politique, culturelle et religieuse. En dépit de la divergence d'intérêts économiques et même politiques, l'Union européenne se laisse domestiquer par les USA dans la mesure où elle renonce à la conception réaliste des droits de l'homme, née chez elle, certes, mais dont la portée universelle a été reconnue. Beaucoup de ses dirigeants et leaders d'opinions ont intériorisé la conception nord-américaine – consensuelle – de ces droits et du droit. Car, comme l'a montré magistralement le célèbre professeur de Harvard mentionné ci-dessus, les USA sont le laboratoire de cette nouvelle conception des droits de l'homme et des instruments d'application qu'ils appellent[2]. Selon la logique de leurs leaders actuels, les USA *doivent* démanteler la conception traditionnelle des droits de l'homme afin de pouvoir consolider,

---

Jean Foyer, dans *France, qu'ont-ils fait de ta liberté ?*, mêmes références que l'ouvrage précédent. J. Foyer y analyse l'aliénation de la souveraineté et fustige le centralisme de la « paperasserie bruxelloise ». Faisant appel à la technicité juridique, Georges Berthu et Dominique Souchet nous amènent aux mêmes constatations dans leur ouvrage sur *Le Traité d'Amsterdam contre la démocratie. Texte intégral comparé et commenté*, Paris, Éd. François-Xavier de Guibert, 1998. Le comportement de l'Union européenne dans les grandes assemblées internationales récentes illustre et confirme – hélas – la pertinence de l'analyse de ces auteurs.

1. Voir à ce sujet Jean-François Revel, *La grande parade. Essai sur la survie de l'utopie socialiste,* Paris, Éd. Plon, 2000.

2. *Cf.* Mary Ann Glendon, « Du bon usage... », cité ci-dessus, p. 74, n. 4.

en leur faveur, l'« éthique de la responsabilité[1] », elle-même servie par un positivisme juridique approprié.

L'Europe est ainsi devenue à la fois première victime et complice d'un projet hégémonique mondial, dont le fer de lance n'est plus la puissance militaire, ni même la puissance économique, mais plutôt le droit positif. L'Union européenne se trouve actuellement fort mal armée pour démasquer la nouvelle conception du droit concoctée aux USA et répercutée par l'ONU[2]. Car les soi-disant « nouveaux droits de l'homme », et plus fondamentalement la *nouvelle conception* du droit et des droits de l'homme, que l'ONU tente d'imposer à toutes les nations et à tous les hommes, a pour référence le modèle nord-américain. Dans ce modèle, les juges, harcelés par des lobbies

---

1. Max WEBER a introduit une distinction célèbre entre l'*éthique de la conviction* – celle des prophètes et des saints qui veulent faire le bien et éviter le mal, et l'*éthique de la responsabilité* – celle de l'homme politique qui ne s'embarrasse pas de considérations relatives au bien ou au mal. Au nom de l'éthique de la responsabilité, l'homme politique doit conquérir le pouvoir, l'exercer et s'y maintenir, en recourant, s'il le faut, à la « violence légitime ». Sur ce point, Weber est aussi cynique que Machiavel. Voir *Le Savant et le Politique*, Paris, Le monde en 10/18, 1959, pp. 172-175. Nous analysons cette distinction dans *L'Évangile face au désordre mondial*, Paris, Éd. Fayard, 1997, pp. 76 s. On comparera avec MACHIAVEL, par exemple : *Le Prince*, 18; *Discours sur la première décade de Tite-Live*, 1, 7, 10, 25, 34; 3, 41 s.; etc.

2. Le considérant B bis (nouveau) à l'Amendement 1 du *Projet de rapport* de Lowe Dybkjær, référence 287. 005/1-13, montre bien la tendance de la Commission des droits de la femme du Parlement européen à ramper devant les ukases de l'ONU. L'amendement proposé commence comme suit : « ... considérant que les États membres de la Commission sont toujours tenus d'appliquer de manière appropriée la plate-forme d'action de Pékin et devront instaurer de nouvelles politiques, dans le cadre de leurs compétences afin de se conformer à la déclaration de la Conférence des Nations Unies "Pékin + 5" de juin dernier. » Les normes des droits étatiques devront donc chercher leur validité dans les normes du droit supraétatique. Pourquoi, dans ce cas, ne pas faire l'économie des parlements, y compris du Parlement européen ?

féministes et homosexuels, ou par des loges maçonniques violemment anti-chrétiennes[1], ne se privent pas d'inventer de soi-disant « nouveaux droits » individuels, totalement fragmentés, privés de toute référence à la personne et à l'homme comme être de relation.

Une arnaque idéologique

Au terme de cette nouvelle logique juridique, l'instrument pourvoyant à l'application de ces soi-disant « nouveaux droits » ne peut être, à terme, qu'un gouvernement de juges *discrétionnaires*, puisque eux-mêmes privés de repères qui leur permettraient de discerner le bien ou le mal, le juste ou l'injuste, le vrai du faux. Leur rôle, et le rôle de la Cour pénale internationale, pourrait donc consister à vérifier si les soi-disant « nouveaux droits » sont respectés, et s'il n'y est pas fait obstacle *au nom de l'ancienne conception* des droits de l'homme – celle, réaliste, de 1948.

À cause de l'ONU et de la complicité coupable de ses membres les plus riches et les plus influents, cette conception *démentielle* du droit est en train d'étendre ses ramifications à l'échelle mondiale. On comprend les pays du tiers-monde, en particulier ceux du Groupe des 77, qui voient dans ces soi-disant « nouveaux droits de l'homme » l'instrument le plus sophistiqué de la domination du Nord sur les pays en développement[2]. Même si ceux-ci ont tort de subodorer le même piège dans la Déclaration de 1948, on ne saurait trop les inciter à se rebeller contre les soi-disant « nouveaux droits de l'homme », chef-d'œuvre d'arnaque idéologique. Aussi bien, à terme, cette conception du droit, produit de l'oligarchie argen-

1. Voir l'adresse du site mentionné *supra*, p. 82, n. 2.
2. Voir à ce sujet *supra*, p. 90.

tée, contribuera puissamment au déclin des USA et de l'Europe, mais auparavant, elle aura implanté ce qu'on a appelé la « terreur blanche » et semé la mort, partout dans le monde.

Le radicalisme européen

La grogne bruxelloise

Lors de la Conférence Pékin + 5, tenue du 5 au 10 juin 2000, des positions prises par les délégués de l'Union européenne ont frappé par leur radicalité[1]. Ces positions étaient parfois plus radicales que celles affichées par le Canada ou les USA. On sait que les pays riches n'ont guère été suivis lors de cette conférence, et cet échec n'a pas été du goût des délégués de l'Union[2].

La grogne de l'Union européenne s'est fait entendre à Bruxelles immédiatement après la conférence[3]. Rendant

---

1. Déjà en 1999, célébrant ICPD + 5, c'est-à-dire le cinquième anniversaire de la Conférence du Caire sur la Population et le Développement (1994), l'Union européenne avait surpris par la complaisance avec laquelle elle s'était alignée sur les positions de l'ONU. Voir à ce sujet *The European Community's response to the challenges of the international Conference on Population and Development. ICPD + 5 : a five year review 1994-1998,* Luxembourg, Office for Official Publications of the European Communities, 1999. *Cf.* aussi ci-dessus, le chapitre VII, pp. 87 s.

2. Voir *supra*, le chapitre VII, pp. 92 s.

3. La Conférence de Pékin + 5, « Women 2000 », a fait l'objet de commentaires divers, où s'exprimait souvent le mécontentement. La Pologne, en particulier, a été épinglée à diverses reprises. Voir par exemple le dossier préparé par la Commission des Droits de la Femme et de l'Égalité des Chances du Parlement européen, en vue des réunions publiques des 10 et 11 juillet 2000. Ce dossier comporte divers documents, dont les procès-verbaux des réunions

compte de leur participation, plusieurs déléguées et délégués n'ont pas caché leur vive hostilité vis-à-vis des religions, qui ont été *entendues* à New York. Cible de choix habituelle : la religion catholique. Dans un bel exercice d'amalgame, christianisme et islamisme étaient fustigés pour leur « intégrisme » et leur « fondamentalisme ». Un amalgame qui suppose soit une immense ignorance de la nature de chacune de ces deux religions, soit une mauvaise foi qui, il est vrai, n'étonne guère de la part de ceux qui font peu de cas de la vérité.

Tout porte à croire que la prochaine conférence, ainsi que les réunions préparatoires, seront le théâtre de nouvelles attaques en règle contre l'Église catholique et contre le Saint-Siège qui en assure la visibilité au plan international.

La Charte des Droits fondamentaux

Pour parer à l'échec relatif de « Women 2000 », la Charte européenne des Droits fondamentaux va venir à point nommé. On sait que cette Charte est arrivée au terme de son processus

---

des 23 et 24 mai 2000. À l'intention de ceux que ne rebutent pas des dossiers à la structure confuse, nous donnons ici les références allégées : *Procès-verbal* des réunions des 23 et 24 mai 2000, PE/XVI/PV/00-07; *Projet de Rapport* sur les aspects du processus d'élargissement liés au genre, présenté par Lowe Dybkjær, daté du 6 juin 2000, référence Provisoire 2000/*** (INI); *Amendements 1-27* au Projet de rapport de Lowe Dybkjær, daté du 26 juin 2000, référence PE 287.004/1-27; *Projet de rapports* sur les rapports annuels de la Commission sur « L'égalité des chances pour les femmes et les hommes dans l'Union européenne – 1997, 1998, 1999 », présenté par Lowe Dybkjær, référence provisoire 1999/2109 (COS); *Amendements 1-13* au Projet de rapport de Lowe Dybkjær, daté du 27 juin 2000, référence PE 287.005/1-13; *Amendements 14-17* au Projet de rapport de Lowe Dybkjær, daté du 3 juillet 2000, référence PE 287. 005/14-17; *Projet d'avis* (sur les mêmes questions) du rapporteur pour avis Maria Martens, 30 juin 2000, référence provisoire 1999/0225 (CNS).

d'élaboration[1]. Or, certains rédacteurs de cette Charte s'efforcent d'incorporer à celle-ci les « nouveaux droits de l'homme » propagés par l'ONU. En cela, leur travail est rendu relativement aisé en vertu de certaines dispositions du Traité d'Amsterdam[2].

Remarquons d'abord qu'à la demande de la France, la référence au patrimoine *religieux* de l'Europe a été supprimée dans le Préambule. Relevons ensuite que l'article 2, alinéa 1 de cette Charte porte que « Toute personne a droit à la vie ». Dans sa rédaction actuelle, cet article clé est tout simplement inacceptable. Outre qu'il expose la notion de *personne* aux interprétations les plus délirantes, cet article devrait préciser que ce droit à la vie s'entend de la conception à la mort naturelle. Le texte passe en particulier sous silence le neuvième Considérant de la Convention des Nations Unies sur les droits de l'enfant (1989) qui, en son neuvième Considérant, prévoit pour ce dernier « une protection spéciale [...] avant comme après sa naissance ». Il n'est donc pas étonnant que ce texte porte « l'interdiction du clonage reproductif des êtres humains » (article 3 § 2), mais qu'il reste muet sur le clonage thérapeutique.

De plus, l'article 13 du Traité d'Amsterdam, portant sur les discriminations, ouvre la voie à l'article 21 § 1 de la Charte. Ce paragraphe « interdit toute discrimination » fondée sur différents critères, dont l'« orientation sexuelle ». On

1. Pour la *Charte des droits fondamentaux de l'Union européenne*, il est recommandé de visiter les adresses suivantes :
<fundamental.rights@consilium.eu.int>
<http://www.europarl.eu.int.charter/fr/default.htm>

Nous avons utilisé l'original français daté du 28 septembre 2000, coté Charte 4487/00; Convent 50. Ce texte devrait être examiné au Sommet des Quinze, à Biarritz, les 13 et 14 octobre 2000.

Le texte du projet se trouve en Annexe IV.

2. *Cf.* à ce sujet l'ouvrage de Georges BERTHU sur *Le Traité d'Amsterdam*, cité ci-dessus p. 115, n. 2 de la p. 114.

réserve ainsi une protection juridique aux homosexuels[1]. Cette conception de l'« orientation sexuelle » déteint forcément sur la conception du mariage et de la famille. Annoncé par l'article 7, l'article 9 porte que « Le droit de se marier et le droit de fonder une famille sont garantis *selon les lois nationales qui en régissent l'exercice* » (nous soulignons). Autrement dit, comme l'article 21 § 1 prévoit le choix de « l'orientation sexuelle », les lois nationales devront incorporer le droit des homosexuels à « se marier » et à « fonder une famille ». Les unions les plus inattendues pourront donc, si les lois nationales le permettent, jouir des mêmes droits que la famille, laquelle est issue du mariage monogamique et hétérosexuel. Le texte inquiète aussi par ses dispositions sur l'éducation des enfants. Outre l'article 14 § 3, d'une obscurité étudiée, est proposé l'article 24 § 3, consacré à la protection des enfants : cet article ne mentionne même pas les devoirs des parents ! L'article 10 § 1 stipule que « le droit à l'objection de conscience est reconnu *selon les lois nationales qui en régissent l'exercice* » (nous soulignons). La Charte souscrit aussi à l'habituel « principe du développement durable » (article 37), dont on sait qu'il comporte le contrôle des populations. Enfin, à défaut de mentionner la Déclaration de 1948, le texte fait allégeance au droit et aux conventions internationaux : « Aucune disposition de la présente Charte ne doit être interprétée comme limitant ou portant atteinte aux droits de l'homme et libertés fondamentales reconnus, dans leur champ d'application respectif, par le droit de l'Union, le droit international et les conventions internationales auxquelles sont partie l'Union [...] » (art. 53).

En raison de son contenu et des chausse-trappes qui la jalonnent, on voit difficilement comment un tel texte pourrait être reçu sans être aussitôt contesté. Il pourra cependant être invoqué pour faire pression sur les récalcitrants qui n'ont pas introjecté les « Lumières » de l'ONU.

---

1. *Cf.* ci-dessus, p. 58 s.

Avis aux récalcitrants

Ainsi, parmi les admonestations dont la Pologne est la cible, celle de Lowe Dybkjær mérite d'être citée en raison de sa clarté :

« Le rôle de la famille dans la vie des femmes constitue un élément fondamental dans le contexte de l'égalité. La perception de la responsabilité à l'égard des enfants est essentielle pour déterminer le statut des femmes dans la société. Dans nombre de pays candidats, le modèle traditionnel des femmes dont le rôle est essentiellement d'être au foyer est certes en grande partie un héritage de l'époque communiste, mais il est de nos jours souvent renforcé par l'Église d'État, en particulier en Pologne. Dans le passé, les pouvoirs publics encourageaient les femmes à travailler, sans pour autant négliger leurs devoirs familiaux, si bien que, pour ces dernières, les semaines de travail pouvaient atteindre 70 heures. Une telle situation n'est pas non plus acceptable dans une économie sociale de marché moderne. L'exercice de "screening" mené à bien en Pologne a fait apparaître un certain nombre de carences dans le domaine de l'égalité des chances, notamment l'absence de dispositions législatives en la matière, des lois interdisant l'avortement, des allocations de chômage versées uniquement à l'élément masculin du foyer, etc. [1]»

Enfin, pour bien montrer à l'Univers que la promotion des « nouveaux droits de l'homme » demande encore un effort, l'Europe voit surgir çà et là des ballons d'essai préconisant la légalisation de ce qui se pratique déjà : l'*infanticide* des individus qui demandent trop de soins dans les unités de néonatalogie[2].

---

1. Ce texte apparaît p. 11/14 du document PE 287.004, cité ci-dessus, p. 119, n. 3 de la p. 118. On pourra le rapprocher des propos tenus par M. Lionel Jospin lors de son discours du 15 juin 2000. Voir pp. 198 s.

2. Voir <http://www.thelancet.com/newlancet/current>, qui renvoie à

Le messianisme internationaliste

Que le « messianisme » européen, anti-famille et anti-vie, ait des ambitions mondiales, c'est ce que déclarait M. Romano Prodi. Le président de la Commission reconnaît avec modestie que « le modèle d'intégration européen [...] est un gisement à exploiter pour la gouvernance mondiale ». Pour pouvoir jouer ce rôle exemplaire, précise M. Prodi, la Commission devra « se concentrer davantage sur les fonctions fondamentales ». Il en énumère un certain nombre, les plus importantes. Le Parlement devra s'exprimer d'une seule voix sur la scène mondiale, se donner une Constitution, et de toute façon une Charte, contraignante, des droits fondamentaux.

Une telle Charte et de tels propos signifient que l'Europe s'entête à programmer son propre déclin, déjà lisible dans son effondrement démographique[1]. Un crash devant permettre aux États-Unis – qui, eux, renouvellent leur population –, d'envisager l'avenir avec sérénité, puisque, avec son indice de fécondité de 1,4, la population de l'Europe vieillit, ne se renouvelle pas et décline[2].

Aussi bien, ce crash démographique de l'Europe se confirme, puisque dès 2006 on prévoit que la capitale de l'Europe, Bruxelles, comptera une population dont 50 % seront d'origine étrangère, et que le même pourcentage sera atteint en 2015 dans les quatre villes les plus importantes de Hollande : Amsterdam, La Haye, Rotterdam et Utrecht – les

---

l'article « End of Life Decisions in Neonatal Intensive Care : Physicians' Self-reported Practices in Seven European Countries », dans *The Lancet*, 17 juin 2000, pp. 2112-2118.

1. *Cf. Le crash démographique*, pp. 25-29, 60, et *passim*.

2. Dans les pays présentant les meilleures conditions de vie, chaque femme en âge de fécondité devrait avoir 2, 1 enfants pour que la population se renouvelle. Tous les pays d'Europe sont en dessous de ce niveau.

autres grandes villes d'Europe devant atteindre de tels niveaux à la même époque[1].

En attendant cette échéance, le prosélytisme anti-famille et anti-vie de l'Europe, arnaquée et fière de l'être, aura acquis à celle-ci une hostilité générale de la part des pays pauvres. En effet, si ceux-ci, notamment avec le Groupe des 77, continuent à rejeter les programmes malthusiens que l'ONU présente sous l'étiquette des « nouveaux droits », ils rejetteront encore avec plus de vigueur ces programmes lorsqu'il sera patent qu'ils reçoivent la caution et l'appui de ceux qui auraient dû être les premiers à les dénoncer. L'Europe, cocufiée, pourra mourir en paix; elle aura poussé jusqu'au bout la mission funèbre qu'elle s'est assignée. Elle aura dégagé la voie pour la consolidation de l'Empire et pour le projet mondialiste d'Internationale.

1. *Cf. Correspondance européenne*, n° 45/06 du 10 juin 2000, pp. 4 s.

Chapitre X

Le Droit, « légitimation » de la violence

La relecture onusienne des droits de l'homme conduit à faire du droit un instrument visant à « légitimer » la violence et le « don » de la mort. C'est ce que nous allons expliquer pour conclure cette partie et faire la transition avec la deuxième.

L'auto-libération de l'homme

Nous avons vu qu'à la racine de la conception des droits de l'homme actuellement prêchée par l'ONU, on trouve une forte exaltation de *l'individu*. Cependant, selon ce que Hobbes avait prévu, ces droits des individus doivent être validés par le Léviathan. Ainsi que nous le verrons bientôt, c'est dans cette direction que Kelsen va développer sa théorie. La société doit être construite à partir de ces individus totalement autonomes, c'est-à-dire ne devant rien aux autres, n'ayant aucun devoir ni aucune responsabilité vis-à-vis des autres. Ces individus n'ont pas davantage besoin de se référer à un quelconque Être transcendant. Ce libéralisme outrancier déifie l'homme et, dans sa critique de l'aliénation religieuse, Feuerbach mettra à nu cette vision matérialiste de l'homme qui, pour se libérer, doit s'approprier la divinité. L'homme se libère tout seul, et la première expression de cette auto-libération se traduit dans le fait que, se donnant à lui-même les lois de son propre agir, il peut modifier ces lois à son gré.

L'influence de la tradition nominaliste, si vivace dans les milieux anglo-saxons, va potentialiser cet apport germanique de Feuerbach. Selon cette tradition, les hommes n'ont somme toute rien en commun, ni nature, ni valeurs. Ils sont singuliers, individuels.

Élaboré par les philosophes, cet individualisme s'est d'abord exprimé concrètement dans le domaine économique. Sous l'influence d'une certaine lecture de la réalité naturelle qu'est le marché va s'élaborer une vision réductrice de l'homme. Sans doute doit-on admettre que le marché est le lieu des échanges, de la compétition et de la concurrence. Où les choses commencent à prendre une tournure inquiétante, c'est lorsque le marché devient le lieu où s'opère une sélection des individus, dont on retient qu'ils sont essentiellement producteurs-consommateurs. Par là l'individualisme libéral ouvre la voie à l'idéologie marxiste : l'infrastructure économique rend compte de tout l'homme et de toute la société.

Cette vision économiciste de l'homme déteint dès lors sur toute l'anthropologie, c'est-à-dire sur la conception générale de l'homme. Puisque la logique libérale est individualiste, elle gèle la sociabilité, et si elle gèle la sociabilité, elle ne peut qu'être anti-famille. Malthus ne s'intéresse à la famille que parce que celle-ci comporte des agents économiques plus ou moins utiles dans le système de production-consommation. Dans la logique malthusienne, il n'y a pas de place pour ce qu'on appelle aujourd'hui les « personnes dépendantes », c'est-à-dire les enfants et les vieillards. Pour les mêmes raisons, toujours dans sa logique, il n'y a pas de place pour les pauvres.

Le refus de la finitude

La mort et la guerre

L'individualisme libéral conduit ainsi l'homme au refus de ses limites, au refus de la finitude et de la mort. L'autre est perçu comme une limitation du moi individualiste. Il est un obstacle à l'affirmation de ce moi. De même dans l'ordre de l'avoir : ce que l'autre a, j'en suis privé, et cette privation fait obstacle à mon existence, à la qualité de mon existence. Il faut donc écarter tout ce qui semble faire obstacle à mon être, à mon avoir, à ma vie. Rien ne doit être négligé de ce qui contribue à maîtriser ma mort.

C'est en particulier pour cela que certaines décisions actuelles de recherches biologiques de pointe reflètent l'idéologie libéraliste ambiante. La manipulation des cellules et des tissus devrait procurer une victoire de l'homme sur la mort et assurer, en rappelant le mythe de l'éternel retour, une parodie d'immortalité.

En fait, le double refus de la finitude et de la mort « légitime » la violence implacable de l'individu. Violence vis-à-vis des choses, que l'individu peut détruire à son gré dans la consommation. Violence sexuelle de l'homme vis-à-vis de la femme, qu'il faut *captiver* et *assujettir* ; mais aussi, théorisé par les féministes radicales, empire de la femme exerçant sa puissance sexuelle sur l'homme, qu'il faut *séduire* et *subjuguer*, et dont il faut se venger en triomphant du « machisme ». Violence générale vis-à-vis des autres, que l'individu fort peut réduire en esclavage ou à qui il peut donner la mort. Violence enfin de l'individu vis-à-vis de lui-même, s'il estime que c'est dans le suicide qu'il trouve l'expression la plus élevée de sa liberté individuelle – une façon paradoxale de nier sa finitude.

L'intérêt de la dialectique du Maître et de l'Esclave exposée par Hegel[1] réside dans le fait que le célèbre philosophe allemand voit dans le maître le prototype de l'individu triomphant : le bourgeois libéral, maître de la vie et de la mort. Toutefois, le philosophe d'Iéna ne tarda pas à étendre cette conception « seigneuriale », c'est-à-dire caractéristique du seigneur et maître, des relations entre les hommes aux relations entre les sociétés. Par la guerre, la nation la plus puissante s'impose aux autres nations. Et cette nation, un moment victorieuse et dominatrice, doit accepter, en un moment ultérieur, de se retirer de l'avant-scène de l'histoire. Le droit doit entériner cette vision guerrière des relations internationales.

On remarquera qu'ici se vérifie une fois de plus l'observation de Soljénitsyne, selon qui, dans notre société, le droit tend à phagocyter la morale[2]. En effet, à partir d'une éthique individualiste, caractéristique du libéralisme originaire, la violence s'insinue dans le droit et s'y inscrit. En un premier stade, la violence se manifeste dans le domaine économique, où la « libre concurrence » déréglementée se charge de marginaliser

1. Voir l'exposé de cette dialectique donné par Franz GRÉGOIRE, dans ses *Études hégéliennes. Les points capitaux du système*, Paris, Éd. Béatrice Nauwelaerts, 1958, pp. 57-61; on trouvera là les références à Hegel. La version la plus étendue de la dialectique figure dans la *Phénoménologie de l'Esprit*, traduite par Jean Hyppolite, Paris, Éd. Aubier/Montaigne, 1939, pp. 161-166. Sur la guerre, voir entre autres dans l'œuvre de HEGEL, les *Principes de la philosophie du droit*, Paris, Éd. Idées/Gallimard, 1940, III, 3, B, § 330-347, pp. 358-362. Sur Hegel, philosophe de la mort, voir Alexandre KOJÈVE, *Introduction à la lecture de Hegel*, Paris, Éd. Gallimard, 1947, pp. 529-575.

2. Tel est un des thèmes centraux développés par Alexandre SOLJÉNITSYNE dans son célèbre *Discours de Harvard* dont le texte a notamment été publié dans *L'Express* du 19 au 25 juin 1978, pp. 69-76.

les compétiteurs malheureux. Mais déjà chez Malthus, puis chez Darwin et Galton, la « libre concurrence » déborde le domaine économique. Elle envahit la sphère de l'existence des individus, devient « sélection naturelle » puis « artificielle », avec élimination des moins aptes. Il faut en outre admettre le même processus sélectif et éliminatoire entre les nations. C'est ce qui ressort déjà de la pensée de Hegel et que Spencer va développer. Le droit apparaît ici comme la superstructure légitimant non seulement la violence de tous les rapports, mais aussi le don de la mort, corollaire essentiel du droit à la violence.

Le vertige de l'autodestruction

On est donc face à une situation paradoxale. D'une part, le droit, gardien de l'égalité, et qui pourrait être le rempart contre les outrances de l'individualisme, chasse ici toute considération morale et donne sa justification à la force. Mais d'autre part, la force est la source du droit.

Sous nos yeux, cette évolution atteint son paroxysme. Le droit a actuellement la prétention *démesurée* de reconnaître la *légitimité* du don de la mort. C'est ce qui se produit dans l'avortement et dans l'euthanasie. Dans ce dernier cas, le droit en arrive à susciter le désir de suicide assisté. Le droit libéralise l'homicide de certains individus[1]. Il n'y aurait de mort digne que de mort donnée. L'acte « seigneurial » par excellence, c'est le don de la mort; la liberté souveraine triomphe dans l'autodestruction déléguée. Il ne s'agit plus tellement de justifier

---

1. Telle est la thèse exposée par Karl BINDING et Alfred HOCHE, dans *Die Freigabe der Vernichtung lebensunwerten Lebens*, Leipzig, Verlag von Felix Meinert, 1922. En collaboration avec Klaudia SCHANK, nous publierons prochainement la traduction française de cet ouvrage.

l'euthanasie par des considérations sur la compassion, les souffrances intolérables ; il ne s'agit même plus de l'euthanasie pour des raisons sociales et économiques. L'euthanasie apparaît ici comme l'expression hautaine d'une conception philosophique de l'homme dominée par la fascination de la mort et par le vertige de l'autodestruction[1].

Il n'est pas étonnant qu'une société qui accepte un droit aussi pervers passe de la destruction programmée des individus à la destruction programmée d'elle-même. Cette double volonté d'autodestruction, cette pulsion de mort est, à n'en point douter, la cause principale du crash démographique de l'Europe occidentale.

1. Sur la question de l'euthanasie, voir les pages substantielles que lui consacre Xavier DIJON, dans *La réconciliation corporelle. Une éthique du droit médical*, Bruxelles, Éd. Lessius, 1998, pp. 129-180. Voir aussi le chapitre que nous consacrons à l'euthanasie dans *L'Évangile face au désordre mondial*, pp. 177-193.

Deuxième partie

VERS LA GOUVERNANCE MONDIALE

CHAPITRE XI

Kelsen à l'ONU

La Charte des Nations Unies, signée à San Francisco en 1945, présente une *dualité d'inspiration* qui ne manque pas de frapper. D'une part, référence est faite aux droits de l'homme. Ceux-ci sont évoqués dans le Préambule, ainsi qu'aux articles 1, 3; 13, 1b; 55c; 62, 2; 76c; il y est fait allusion dans d'autres articles. Cette référence avait été recommandée avec insistance par plusieurs personnalités ou institutions parmi les plus prestigieuses de l'époque[1]. Sous ce rapport, la Charte ouvrait la voie à la Déclaration universelle de 1948.

D'autre part, à l'origine même de l'ONU, apparaît le rôle et le statut prépondérant du Conseil de Sécurité, où les cinq grandes puissances d'alors siègent de droit, de façon permanente et

1. Pour plus de détails, voir l'ouvrage fondamental de Jean-Pierre COT et Alain PELLET (éd.), *La Charte des Nations Unies. Commentaire article par article*, Paris, Éd. Economica, 1985. Les positions de Kelsen sont invoquées à des dizaines de reprises dans cet important volume. L'absence d'index des noms propres rend fastidieuse la consultation de ce remarquable instrument de travail. Voir aussi Philippe DE LA CHAPELLE, *La Déclaration universelle des droits de l'homme...*, cité ci-dessus, p. 23, n. 3.

chacune avec droit de veto. À l'ONU, c'est du Conseil que dépendent toutes les décisions concernant la paix. Face au Conseil, l'Assemblée générale réunit les représentants des États « souverains », et l'« égalité » de ces États se reflète dans le fait qu'ils ont chacun une voix. Cependant, comparés à ceux du Conseil de Sécurité, les pouvoirs de l'Assemblée et de ses membres sont limités[1]. Les changements ultérieurs n'ont pas modifié fondamentalement cette structure générale.

C'est ici que se trouve la source du projet actuel d'instauration d'un système de gouvernement mondial. La langue anglaise utilise à ce propos le mot *governance*, que nous rendons par le mot français quelque peu vieilli de *gouvernance*.

La théorie « pure »

Nous allons montrer dans cette partie que ce projet de gouvernance trouve ses bases théoriques dans la philosophie du droit développée par Hans Kelsen (1881-1973), dans son système de normes, dans sa conception pyramidale du droit[2].

---

1. Voir par exemple l'art. 12, 1 : « Tant que le Conseil de Sécurité remplit, à l'égard d'un différend ou d'une situation quelconque, les fonctions qui lui sont attribuées par la présente Charte, l'Assemblée générale ne doit faire aucune recommandation sur ce différend ou cette situation, à moins que le Conseil de Sécurité ne le lui demande. »

2. L'ouvrage le plus célèbre de Kelsen est sa *Théorie pure du droit*, traduit en français par Charles Eisenmann, Paris, Éd. LGDJ, et Bruxelles, Éd. Bruylant, 1999. Nous citerons en abrégé KELSEN, *Théorie pure...*, et, dans notre texte, nous renverrons directement aux pages de ce livre. Une autre traduction française, basée sur une édition antérieure de l'original, a été procurée par Henri Thévenaz, Neuchâtel, Éd. La Baconnière, 1988. Kelsen a consacré une étude importante aux documents fondateurs de l'ONU. Voir *The Law of the*

Nous allons donc suivre les principales étapes de la *Théorie pure*. Il n'est pas exagéré d'affirmer que les conceptions onusiennes des « nouveaux droits de l'homme », du consensus, de l'internationalisme et de la plupart des autres thèmes que nous avons rencontrés trouvent leur source dans cette théorie du droit intégralement rationaliste et positiviste. Bien entendu, Kelsen n'a probablement pas eu connaissance de cet usage pervers qui était fait de sa pensée dans les milieux de l'ONU. Tout au plus a-t-il pu envisager cette possibilité. Il n'en reste pas moins que l'ouvrage capital de Kelsen, dont l'influence continue à s'exercer sur les juristes du monde entier, est un guide incontournable pour comprendre les dérives actuelles de l'ONU. Cela est d'autant plus patent qu'on sait que le professeur viennois de Berkeley a influencé la rédaction de la Charte.

Dans les pages qui suivent, nous nous baserons exclusivement sur le dernier état de la *Théorie pure*. La traduction française a reçu de Kelsen lui-même « les plus vifs et cordiaux remerciements » (p. 1). Comme l'explique l'auteur, la première esquisse de cet ouvrage remonte à 1911. La première édition de la *Théorie* date de 1934. La seconde édition date de 1960 et la traduction d'Eisenmann a été publiée pour la première fois en 1962. Le texte de cette traduction présente donc le dernier état de la *Théorie pure*. C'est la raison pour laquelle nous utilisons cette version. Nous en utilisons l'édition de 1999. Le texte traduit a bénéficié de nombreux changements et ajouts, apparaissant surtout sous forme de notes, dus à Kelsen lui-même. Les amateurs de thèses pourront étudier l'influence de Kelsen à l'ONU en explorant les autres écrits nombreux où le maître expose sa conception du droit et en particulier du droit international.

United Nations. A Critical Analysis of its Fundamental Problems, Londres, Stevens and Sons, 1951. Il est revenu à plusieurs reprises sur ce dossier.

Un rationalisme intégral

Comme tous les novateurs, Kelsen est confronté avec les positions de ses prédécesseurs. Sans doute ne consacre-t-il nul développement important à les exposer ou à les discuter. Il ne s'attarde pas à épiloguer sur Cicéron, Victoria, Grotius, Hobbes ou Locke. Même Hegel n'est pas vraiment discuté. Esprit brillant, froid et prolixe, Kelsen rappelle quelque peu le rationalisme de Spinoza, la clarté en plus. Il n'a qu'un seul souci : exposer la seule théorie scientifique du droit, *la sienne*. Toutes les autres théories sont dénoncées comme pré-scientifiques : elles confondent droit et morale, droit et politique, droit et histoire, etc. Kelsen débusque les sophismes qui n'ont qu'une apparence logique (p. 334), les glissements de l'antériorité historique à l'antériorité logique (p. 327). Il peut ainsi faire table rase de l'histoire de l'internationalisme. Les auteurs qui sont honorés d'une mention sont très rares. L'histoire politique et diplomatique n'est nullement prise en compte.

Quant à la référence à une anthropologie quelconque, ou à l'histoire – en particulier celle des droits de l'homme –, ou à la morale – notamment à une théorie de la justice –, ou à la religion – pensons à son message de fraternité –, ou à la psychologie – si éclairante, par exemple, pour les questions de responsabilité –, etc., on n'en trouve pas la moindre trace. Tout se passe comme si ce faisceau de facteurs n'avait exercé, ni n'exerçait, *ni ne devait exercer* la moindre influence sur le droit. Le droit est une construction purement formelle, sans égard aucun pour les questions de contenu. « Le droit [règle] la procédure par laquelle il est lui-même créé » (p. 60). Seul intéresse Kelsen le système de production des normes, leur validité, les obligations qui s'ensuivent. « Il faut rejeter toute définition du droit qui ne le caractérise pas comme un ordre de contrainte »

(p. 60). Tel est le prix à payer pour en arriver, enfin, à une théorie du droit d'une pureté scientifique irréprochable[1].

Réduction et dissolution

Bien plus, poursuivant sa *réduction* jusqu'au bout, Kelsen vide *a priori* le droit subjectif de toute pertinence. La théorie pure du droit élimine le dualisme entre le droit entendu au sens subjectif, c'est-à-dire le sujet de droit (personne physique ou juridique, avec ses droits et ses obligations) et le droit entendu au sens objectif, c'est-à-dire l'ordre juridique, à savoir un système de norme (*cf.* p. 190). Ce droit subjectif n'est qu'une retombée de la norme, qui, sous peine de sanction, oblige l'individu à se comporter selon cette norme (*cf.* pp. 173-175). En outre, après avoir rappelé la distinction faite par la doctrine traditionnelle entre la *personne physique*, personne « naturelle », et la *personne juridique*, personne « artificielle », Kelsen conclut que « c'est en réalité la "personne physique" qui est, elle aussi, une construction artificielle de la science du droit, qu'elle n'est, elle aussi, qu'une personne "juridique" » (p. 173). Conséquent avec lui-même, Kelsen va même jusqu'à affirmer que « la théorie pure du droit [...] dissout le concept de personne, parce qu'elle montre qu'il répond simplement à la personnification d'un complexe de normes juridiques » (p. 190).

On remarquera tout de suite que cette conception de la personne physique ruine totalement, jusqu'en sa racine, toute possibilité d'invoquer ces droits de l'homme, qui auraient été déclarés réels. Le formalisme kelsénien rend de telles *déclarations* impensables. Le concept de personne étant dissous, seul l'État peut décider de *personnifier*. Il le fera « artificiellement »,

---

1. Tous ces préalables sont expliqués dès les deux préfaces ainsi qu'au cours du *Titre premier*.

par « complexe de normes juridiques contraignantes ». L'homme ne peut exister que comme personne artificielle par la grâce de l'ordre juridique, contraignant, s'identifiant à l'État.

C'est ainsi que selon le positivisme juridique strict issu de Kelsen, des normes peuvent être édictées, soumettant la vie et la mort dans leur définition même à des actes de droit[1]. Kelsen lui-même illustre son propos. Il envisage la possibilité d'*esclaves* « qui n'auraient pas de personnalité juridique » (p. 173). Non seulement il n'y a plus de place pour la reconnaissance, par l'État, d'un droit inaliénable de tout être humain à la vie, mais en outre la dignité de l'être humain variera suivant les normes, ruinant ainsi *a priori* les idées d'universalité et celle d'égale dignité des hommes. De même pour la *famille* : « La famille aussi est, en tant que collectivité juridique, plus ancienne que l'État qui comprend plusieurs familles, qui est centralisé ; et cependant c'est bien sur l'ordre étatique que repose aujourd'hui la validité de l'ordre juridique familial » (p. 327).

On constatera que Kelsen offre par là des bases théoriques que ne se privent pas d'utiliser les partisans de l'avortement et de l'euthanasie. Des bases auxquelles se réfèrent aussi les idéologues de l'orientation sexuelle, des unions entre personnes de même sexe, des « familles monoparentales », etc.

La norme

La question de la norme est centrale dans la *Théorie pure*. Le droit ordonne des normes : il est une question de commandement, d'ordre, de volonté.

1. Voir à ce sujet l'ouvrage de Binding-Hoche cité p. 129, n. 1.

> « La norme exprime [...] qu'un homme *doit* se conduire d'une certaine façon » (p. 13). « Dire qu'une norme objectivement valable ordonne à un homme un certain comportement équivaut à affirmer que cet homme est obligé au comportement en question. [...] S'il adopte une conduite contraire, il "viole" la norme, ou – c'est tout un – son obligation » (p. 23). « La norme considérée comme objectivement valable joue le rôle d'étalon de valeur pour les conduites effectives » (p. 25).

La question de la vérité fondatrice de la norme n'a ici aucune pertinence :

> « Pour une théorie scientifique des valeurs, seules entrent en ligne de compte des normes posées par des actes de volonté humaine et des valeurs fondées par elles » (p. 26). « Les normes [...] ne sont ni vraies ni fausses; elles sont seulement valables ou non valables » (p. 27).

Le non-respect des normes exige des actes de contrainte, seuls légitimes, qu'il appartiendra à l'État d'exécuter parce qu'il représente l'ordre juridique (pp. 41, 43). Il doit dans ce but disposer de tribunaux et d'organes exécutifs :

> « La sécurité collective atteint son degré maximal lorsque l'ordre juridique institue à cet effet des tribunaux à compétence obligatoire et des organes exécutifs centraux qui disposent des moyens de contrainte nécessaires dans une mesure telle que normalement toute résistance est vaine » (pp. 45 s.).

D'ores et déjà, il apparaît que les cours de justice et les agences peuvent poser des actes de volonté donnant lieu à des obligations et à des actes légitimes de contrainte.

> « La validité objective d'une norme selon laquelle un homme doit se conduire conformément à la signification subjective de l'acte de volonté d'un autre homme concernant sa conduite ne résulte [...] pas du fait positif, réel, qu'est cet acte de volonté; elle résulte, elle ne peut résulter que d'une autre norme » (p. 17).

La coutume et le consensus

Kelsen ajoute aussitôt que « des normes par lesquelles une conduite est déclarée obligatoire [...] peuvent être posées par des actes qui constituent la coutume » (p. 17). Voilà qui permet de comprendre pourquoi, dans les milieux de l'ONU, on attribue tant d'importance au *consensus*.

Rappelons-nous ce que nous avons vu à propos de la transgression[1]. Un médecin, par exemple, procède à un avortement. Il se rend coupable d'une transgression du droit à la vie, proclamé dans l'article 3 de la Déclaration de 1948 et codifié dans la plupart des législations étatiques. Les juges doivent donc connaître de cette transgression, de ce délit ou de ce crime; ils doivent décider : sanctionner. Mais les cas de transgression se multiplient; il y a surenchère à la provocation. Les médias travaillent l'opinion publique; les pressions se multiplient. Les ONG donnent de la voix; leur rôle dans la vie publique va croissant. Les juges poursuivent de moins en moins. Procédant tranche par tranche, la pratique délictueuse est tolérée et bientôt admise. Un précédent se crée : les juges ne poursuivent plus. Un consensus naît dans l'opinion publique. « C'est entré dans les mœurs. »

Dans les pays de tradition latine, où la loi est source de droit, il faudrait poursuivre. Mais comme dans ces pays, la coutume est aussi source, quoique secondaire, de droit, *ce qui se fait*, selon le schéma évoqué ci-dessus, est de plus en plus invoqué non seulement pour juger un cas d'espèce, mais pour réclamer un changement de la loi. De fait, les Parlements finissent par dépénaliser, libéraliser. Sur la question fondamentale de la source du droit, la coutume l'emporte sur la loi qui codifiait le droit inaliénable à la vie. Le changement ainsi

1. *Cf.* p. 81.

opéré introduit une altération quasi imperceptible mais cependant radicale dans la *nature* du droit législatif. En effet, selon cette conception du droit, la coutume peut être à l'origine d'une règle juridique, mais à condition toutefois qu'elle n'aille pas à l'encontre de la loi codifiée.

Dans les pays de tradition anglo-saxonne, les choses sont en quelque sorte plus simples : la *common law*, qui n'est pas codifiée, laisse un large espace ouvert à l'interprétation subjective des juges et à l'appréciation, par ceux-ci, des motivations subjectives dans les causes où ils ont à trancher. Dans ces pays, l'influence de la coutume dans la formation des normes générales est déterminante. L'absence de lois codifiées, comme origine des normes, fait que

> « Le système du droit coutumier est particulièrement favorable à la formation d'une jurisprudence précédentielle. Aussi est-il compréhensible que celle-ci se soit développée particulièrement dans le domaine de la *common law* anglo-américaine, qui est, pour l'essentiel, du droit coutumier » (p. 253).

Sur ce point, Kelsen n'hésite pas à s'approcher de la conception sociologique du droit. La norme devrait refléter ce que font les membres du groupe. Le consensus est l'expression de la volonté générale. Kelsen offre même, avant la lettre, une légitimation à la « contagion mimétique[1] ».

> « Initialement, les actes qui constituent le fait de la coutume n'ont pas signification subjective de *Sollen*. C'est seulement quand ces actes se sont répétés pendant un certain temps que naît chez l'individu pris isolément la représentation qu'il doit se conduire comme les membres de la communauté ont l'habitude de le faire, et la volonté que les autres membres du groupe adoptent

---

1. *Cf.* à ce sujet pp. 175 s.

cette même conduite. Si un membre du groupe ne le fait pas, sa conduite est blâmée par les autres, parce qu'il ne se conduit pas comme ceux-ci le veulent. C'est ainsi que le fait de la coutume devient une volonté collective ayant la signification subjective de *Sollen*. Mais cette signification subjective des actes qui fondent la coutume ne peut être interprétée comme une norme objective valable que si la norme supérieure institue la coutume comme fait créateur de normes » (p. 17).

Les thèses de Kelsen sur la coutume et sur la norme tendent à généraliser la coutume, c'est-à-dire des usages généralisés et repétés dans le temps, comme source exclusive du droit. Celle-ci donne origine à des normes qui devront être validées par d'autres normes, de degré supérieur. Par son acharnement à rechercher le consensus, spécialement dans le domaine des « nouveaux droits de l'homme », l'ONU tend à faire de même. Et elle attend des Conventions qu'elles garantissent leur validité. C'est pourquoi, dans pareil système, le respect de la norme s'accompagne d'obligations et le non-respect de la norme appelle des sanctions.

La Pyramide de l'ordre juridique

Dans le système de Kelsen, l'État et le droit sont non seulement inséparables mais identiques (*cf.* pp. 281-310). La souveraineté est inhérente à l'État qui, seul, dit le droit (*cf.* 235). L'État a, seul, le pouvoir de la contrainte légitime (p. 61). L'État est de droit; il est le droit. L'État s'identifie au droit parce qu'il est ordre et commandement dans la société; il doit régler l'usage de la force dans les relations humaines (*cf.* 12, 41-46).

Un système de normes

Notamment par ses tribunaux et par son administration, l'État est l'origine de normes assorties d'obligations. Les normes sont l'expression juridique de la volonté de l'État. Celui-ci organise ces normes juridiques en un système. À ce stade de notre analyse, le mot *système* ne doit pas être pris au sens concret que nous trouverons ultérieurement[1]. Par *système*, il faut entendre ici un ensemble de propositions juridiques considéré dans sa cohérence rationnelle plutôt que dans sa correspondance avec la réalité. C'est ce qui pousse Kelsen à écarter les faits, les contenus, les doctrines dans la mesure où celles-ci ne s'accordent pas à sa théorie. Ce que recherche Kelsen, c'est la solidarité logique des normes[2]. Celles-ci sont reliées entre elles logiquement et ordonnées de façon pyramidale. En vertu de cette conception pyramidale des normes, Kelsen affirme l'existence de différents niveaux de normes[3]. Voici ce qu'il écrit à ce sujet :

> « En accord avec le caractère dynamique de l'unité des ordres juridiques, une norme est valable si et parce qu'elle a été créée d'une certaine façon, celle que détermine une autre norme; cette dernière constitue ainsi le fondement immédiat de la validité de la première. Pour exprimer la relation en question, on peut utiliser l'image spatiale de la hiérarchie, du rapport de supériorité-subordination. La norme qui règle la création est la norme supérieure, la norme créée conformément à ses dispositions est la norme inférieure. L'ordre juridique n'est pas un système de normes juridiques placées toutes au même rang, mais un édifice à étages superposés, une pyramide ou hiérarchie formée (pour ainsi dire)

1. Voir plus loin, pp. 167 s.
2. Pour plus de détails, voir P. Foulquié, au mot *système*.
3. Pour ces raisons, en France, la « théorie pure de Kelsen » est souvent appelée « normativisme ».

d'un certain nombre d'étages ou couches de normes juridiques. Son unité résulte de la connexion entre éléments [...]. Cette démarche régressive débouche finalement sur la norme fondamentale, – norme supposée. La norme fondamentale hypothétique – en ce sens – est par conséquent le fondement de la validité suprême, qui fonde et scelle l'unité de ce système de création » (p. 224).

Le symbolisme pyramidal

L'image de la pyramide utilisée par Kelsen est à la fois fascinante et troublante. Cette image peut être entendue en deux sens. Elle peut évoquer le type de construction architecturale dont les plus célèbres se trouvent en Égypte. La pyramide classique est alors un solide composé d'une base carrée et de quatre triangles convergeant vers un sommet commun. Cette pyramide comporte plusieurs degrés, plusieurs étages. Elle évoque la puissance se concentrant de la base au sommet.

D'autre part, les spéculations sur la pyramide ont fleuri dans la tradition pythagoricienne. Selon celle-ci, la *tetraktys*, c'est le nombre parfait 10, nombre quaternaire formé par l'addition des quatre premiers nombres : 1 + 2 + 3 + 4. Pour cette tradition, c'est le fondement de toute chose[1].

Cette *tetraktys* peut se représenter de deux façons. Tout d'abord comme une figure géométrique plane, formant un triangle équilatéral dont les côtés représentent le nombre 4. Ensuite, partant de la base pour aller vers le sommet, on a la représentation du nombre 3, puis à l'étage suivant, le nombre 2, et enfin, au sommet, le nombre 1. L'ensemble constitue donc la totalité, la perfection. Celle-ci est donc composée de trois étages superposés.

---

1. Voir le *Dictionnaire grec-français* de M. A. BAILLY, Paris, Éd. Hachette, nombreuses éditions, au mot *tetraktys*.

Toutefois, la *tetraktys* peut aussi faire l'objet d'une représentation dans l'espace. Elle évoque alors un tétraèdre régulier, c'est-à-dire un solide délimité par quatre triangles équilatéraux égaux. Un de ces triangles est cependant toujours invisible, caché. Il forme la base de la pyramide et évoque l'entrée vers la connaissance du fond des choses[1].

Kelsen ne s'est pas expliqué sur les raisons pour lesquelles il avait fait appel à l'image de la pyramide pour exposer sa théorie. Cependant, quelle que soit l'interprétation à laquelle on recoure, toutes convergent vers les mêmes conclusions : les normes ne sont pas toutes de même degré, elles sont hiérarchisées ; de degré en degré, elles expriment la puissance qui se concentre en un sommet, et cette concentration indique le super-État, l'État mondial unique vers lequel nous entraîne sa théorie pure.

Rien n'interdit en tout cas de penser qu'en évoquant la pyramide, Kelsen ait fait un clin d'œil, et peut-être même davantage, à un symbolisme maçonnique connu[2]. Certaines loges, dit-on, se rattacheraient aux mystères de l'Égypte ancienne; d'autres accueillent des spéculations pythagoriciennes sur les nombres. Dans tous les cas, on sait que la figure du triangle, caractéristique de la pyramide, est classique dans le symbolisme des loges.

Quel que soit le niveau auquel on considère la pyramide, la norme juridique n'y est pas obligatoire en raison de son contenu, ou parce qu'elle serait conforme à la justice, ou

---

1. *Cf.* Gianni Maria Pozzo, article « Pitagora e Pitagorismo », dans l'*Enciclopedia filosofica*, citée p. 39, n. 1, t. III, col. 1397-1403.

2. Il est bien connu que le Mexique est un pays où la maçonnerie est très influente. C'est ce qui explique qu'on y publie pas mal d'études dont l'intérêt déborde les limites de cette nation. Voir, par exemple, Manuel Antonio Díaz Cid, *Génesis y Doctrina de la Franmasonería*, Puebla, Éd. Universidad Popular Autónoma, 1990.

encore parce qu'elle serait référée aux droits de l'homme. Elle est obligatoire en fonction de sa *cohérence logique* avec la procédure de production des normes juridiques. Or la règle fondamentale de cette production, c'est que ces normes procèdent du droit étatique, celui-ci du droit international, et ce dernier de la norme fondamentale suprême. Ce formalisme intégral de Kelsen est donc susceptible de *légaliser*, et de légaliser *a priori*, n'importe quel contenu.

> « Une norme juridique n'est pas valable parce qu'elle a un certain contenu, c'est-à-dire parce que son contenu peut être déduit par voie de raisonnement logique d'une norme fondamentale supposée, elle est valable parce qu'elle est créée [...] d'une façon qui est déterminée par une norme fondamentale, norme supposée. [...] Il suit de là que n'importe quel contenu peut être droit. Il n'existe pas de conduite humaine qui serait exclue, comme telle, en raison de son fond, de la possibilité de devenir le contenu d'une norme juridique » [...] (pp. 197 s.).

La norme fondamentale

Une fois que Kelsen conçoit le droit comme un système pyramidal de normes, il est confronté à la question : « Qu'est-ce qui fonde l'unité d'une pluralité de normes ? » (p. 193). « Pourquoi une norme fait-elle partie d'un ordre déterminé ? [...] Pourquoi une certaine norme est-elle valable ? » (p. 194). La réponse de Kelsen, d'inspiration clairement kantienne, est à première vue surprenante. Mais, en raison de ses propres prémisses, il ne pouvait y couper :

> « La norme qui constitue le fondement de la validité d'une autre norme est, par rapport à celle-ci, une norme supérieure. Mais il est impossible que la quête du fondement de la validité d'une norme se poursuive à l'infini [...]. Elle doit nécessairement prendre fin avec une norme que l'on supposera dernière et

suprême. En tant que norme suprême, il est impossible que cette norme soit *posée*. [...] La norme suprême ne peut donc être que *supposée*. [...] Le fondement de sa validité ne peut plus faire l'objet d'une question ». [...] « Toutes les normes dont la validité peut être rapportée à une seule et même norme fondamentale forment un système de normes, un ordre normatif. La norme fondamentale est la source commune de la validité de toutes les normes » [...] (pp. 194 s.; *cf.* p. 235).

La norme s'impose donc en raison de la validité que lui confère une norme d'ordre supérieur. Selon les cas, elle doit être obéie par les individus ou par les corporations, la désobéissance pouvant entraîner des sanctions. Seul « le droit, entendu comme simple "idéologie" » peut considérer le *Sollen* sans signification. Le droit a en effet le pouvoir d'exiger des devoirs. Kelsen développe à ce propos une variation sécularisée sur le thème luthérien du *Beruf*, du devoir, de l'appel à servir, fondant l'obéissance aveugle, à la façon de l'impératif kantien qui fonde le devoir sur le devoir. Kelsen ajoute cependant que la norme, plus précisément l'ordre normatif, fonde l'État.

> « En tant qu'organisation politique, l'État est un ordre juridique [...] relativement centralisé » (p. 281). [...] « L'État est une corporation, c'est-à-dire une collectivité qui est fondée par un ordre normatif. [...] L'ordre qui fonde cette collectivité est l'ordre juridique qui est qualifié d'ordre juridique national ou étatique, par opposition à l'ordre juridique international » (p. 285).

Finalement, en raison de la place de la pyramide dans la symbolique maçonnique, il n'est pas exclu que cette architecture ait été retenue pour suggérer la concentration du pouvoir au profit de la franc-maçonnerie[1]. Pour la deuxième fois

1. Voici ce qu'écrit Pierre MARIEL, dans *Les Francs-Maçons en France*, Paris, Éd. Marabout, 1969 : « La Société des Nations fut, essentiellement, une création maçonnique, et son premier président fut un maçon français, Léon

dans l'histoire contemporaine, l'œuvre de Kelsen prendrait alors une dimension inquiétante : elle pourrait être interprétée comme offrant un fondement théorique à la prise de pouvoir mondial par la franc-maçonnerie[1].

Bourgeois. De nos jours, d'ailleurs, l'ONU (comme l'UNESCO) est presque entièrement composée de maçons de tous pays (ce que savait pertinemment le Pape Paul VI quand il vint y prendre la parole lors d'une mémorable séance) » (p. 204).

1. Rendant compte de la traduction française par H. Thévenaz, de l'ouvrage le plus célèbre de Kelsen (*cf. supra*, p. 134, n. 2), Jean-François Perrin écrit, en langage à peine codé, que rien ne manquait au succès de cette pensée « pas même son symbole de grandeur, soit la fameuse "pyramide". Cette figure restera longtemps encore debout, soit sur sa base, soit sur sa pointe ».

Chapitre XII

Le droit étatique et le droit international

La question de la norme fondamentale, touchée au chapitre précédent, se pose d'abord au niveau du droit étatique, mais elle se pose également et surtout au niveau du rapport entre le droit étatique et le droit international.

Vers l'État mondial

Deux écoles sont ici en présence. D'abord celle qui donne la primauté à l'ordre juridique étatique. Selon cette théorie, « la validité du droit se trouve dans la norme fondamentale supposée qui se rapporte à une Constitution étatique efficace ». Le droit international est dans ce cas « une fraction de cet ordre juridique étatique que l'on se représente comme souverain » (p. 217).

Selon l'autre théorie, qui a la faveur de Kelsen, « le droit international est un ordre juridique supérieur à tous les ordres juridiques étatiques, qui délimite leur domaine de validité respectif, qui seul est souverain, – c'est la théorie de la primauté de l'ordre juridique international. Effectivement, ce droit international contient une norme qui constitue le fondement de la validité des ordres juridiques étatiques » (p. 217).

Kelsen pousse cependant plus loin l'analyse de cette distinction.

« Le droit international se compose de normes qui ont été initialement créées par des actes d'États [...] pour régler les relations inter-étatiques, et cela par voie de coutume (p. 314). Ce sont les normes du droit international dit général parce qu'il oblige et habilite tous les États. L'une d'entre ces normes présente une particulière importance [...] *Pacta sunt servanda* (Les pactes doivent être respectés). [...] C'est le droit international conventionnel. Actuellement, [...] ce droit a le caractère de droit simplement particulier : les normes qui le composent valent [...] seulement soit pour deux États, soit un groupe d'États.

« Il faut observer à cet égard que le droit international conventionnel et particulier et le droit international coutumier et général ne doivent pas être considérés comme des groupes de normes coordonnées, c'est-à-dire de rang et valeur égaux : la base du premier groupe est une norme du second groupe ; c'est-à-dire que le second constitue un étage ou degré supérieur au premier.

« Et si l'on prend en considération les normes juridiques qui sont créées par les tribunaux internationaux et par d'autres organes internationaux créés par traité, alors apparaît dans la structure du droit international un troisième étage ou degré. Car les fonctions de tels organes créateurs de normes de droit international ont leur base dans un traité international, c'est-à-dire sur des normes qui appartiennent au deuxième degré de la pyramide du droit international. Mais étant donné que celui-ci – le droit international conventionnel créé par voie de traité entre États – repose sur une norme du droit international coutumier général, qui constitue la couche relativement la plus élevée, il faut nécessairement admettre [...] que la norme fondamentale supposée d'un droit international est une norme qui fait de la coutume fondée par la conduite mutuelle des États un mode de création du droit » (pp. 314 s.).

On remarquera ici que le rôle attribué à la coutume dans la formation du droit étatique est étendu à la création du droit international. Autrement dit, si le consensus est origine du droit étatique, il l'est aussi du droit international. Les tribunaux internationaux et les fonctionnaires internationaux sont, eux aussi, origine de droit. L'efficacité de ce droit international s'exprimera dans les obligations qu'il requerra et dans les sanctions qu'il imposera et fera appliquer.

« Le droit international accuse [...] en tant qu'ordre de contrainte, le même caractère que le droit étatique; mais il se distingue néanmoins de celui-ci, et il présente une certaine analogie avec le droit des sociétés primitives par le fait que, tout au moins en tant que droit général obligeant tous les États, il n'institue pas d'organe spécialisé pour la création et l'application de ses normes. Il se trouve encore en un état de décentralisation extrêmement poussé. Il en est seulement au début d'une évolution que le droit étatique a derrière lui depuis des siècles. Les normes générales sont créées par voie de coutume et par traité » (pp. 313 s.).

Inversion du principe de subsidiarité

Cette conception du droit international entraîne la subalternation du droit étatique au droit international. Elle comporte donc une limitation stricte de la *souveraineté* des États, par exemple dans le cadre d'une fédération mondiale, ou encore la dissolution de cette souveraineté dans le cadre d'un super-État mondial unique auquel seul serait attachée la souveraineté :

« ... Le "droit international" sera véritablement un droit s'il est un ordre de contrainte de la conduite humaine supposé souverain – s'il attache à la condition de faits déterminés par lui la conséquence d'actes de contraintes définis par lui, et si par suite il peut être décrit en propositions de droit, de même que le droit étatique » (p. 311).

La conception de la norme fondamentale selon Kelsen désigne donc cet État mondial comme un *horizon* vers lequel il faut tendre nécessairement. C'est là une nécessité logique postulée par l'identité même de l'État et du droit. Ce dernier apparaît dès lors comme l'instrument de l'unification et de la centralisation d'une société globale moins caractérisée par son internationalisme que par son supranationalisme. Kelsen s'exprime à ce sujet avec une clarté totale :

« Toutes les transformations de technique juridique que l'on vient d'évoquer tendent, en dernière analyse, à estomper puis effacer la ligne-frontière qui sépare le droit international et le droit étatique, en sorte que la fin ultime de l'évolution du droit, qui va vers la centralisation croissante, apparaît être l'unité organique d'une communauté universelle ou mondiale, fondée sur un ordre juridique, ou, en d'autres termes, la formation d'un État mondial » (p. 318).

Nous nous trouvons ici non seulement en présence d'un accaparement de la souveraineté par le super-État, mais, en plus, d'une *inversion perverse du principe de subsidiarité*. Ce n'est pas le super-État qui joue un rôle subsidiaire vis-à-vis des États particuliers; ce sont ceux-ci qui jouent ce rôle vis-à-vis du premier. En dehors de l'ONU, tel était déjà un des problèmes majeurs posés par le Traité de Maastricht (1992); ce problème est encore devenu beaucoup plus préoccupant depuis le Traité d'Amsterdam[1](1997). Si l'on part, comme le

---

1. Voir l'article 5 du Traité d'Amsterdam et le Protocole n° 7 sur l'application des principes de subsidiarité et de proportionnalité. *Cf.* à ce sujet

veut Kelsen, de la validité du droit international, le fondement de la validité de l'ordre juridique étatique doit nécessairement être trouvé dans l'ordre juridique international. Et Kelsen, que nous venons de paraphraser, conclut :

> « Les ordres juridiques étatiques doivent être conçus comme des ordres juridiques partiels, délégués par le droit international et par là même subordonnés ou inférieurs à lui » (p. 325).

De là suit que les *tribunaux internationaux* auront nécessairement un pouvoir supérieur à celui des tribunaux étatiques. Voici comment, selon Kelsen, les *juges* doivent collaborer, avec les *fonctionnaires*, à l'affirmation du super-État :

> « La "contrariété à une norme" ne signifie pas un conflit entre la norme inférieure et la norme suprême, mais signifie seulement que la norme inférieure est annulable ou qu'un organe responsable de son édiction est punissable » (p. 320).

Le cas de la Pologne, qui a été évoqué ailleurs[1], fournit un bel exemple de ce que requiert le super-État kelsénien. Une société étatique qui refuse de libéraliser l'avortement ébranle le consensus international, indispensable à la formation du droit supraétatique coutumier. Alors, il ne suffit pas de menacer l'État particulier – dans notre exemple, la Pologne – d'être mis au ban du super-État (celui-ci fût-il simplement en formation). Il faut déjà affirmer la souveraineté de ce super-État et manifester son efficacité en agitant la menace de sanctions contre l'État « dissident » et en s'ingérant dans ses affaires internes.

---

l'ouvrage de G. Berthu, *Le Traité d'Amsterdam*, cité *supra*, p. 115, n. 2 de la p. 114. Voir en particulier les pp. 58-66.

1. *Cf. supra*, pp. 90; 122 s.

Des instruments mis au point pour exercer ces sanctions et pour dire aux États particuliers – comme aux personnes – quel est leur droit, existent déjà. On les reconnaît dans la Cour pénale internationale[1] ou dans la Déclaration en faveur des défenseurs des droits de l'homme[2].

> « Si l'on part de la validité du droit international, qui ne demande aucune reconnaissance de la part de l'État, une telle disposition ne signifie pas la mise en vigueur du droit international pour l'État considéré; elle signifie sa transformation en droit étatique par une clause générale. » [...] « Une telle transformation est nécessaire si, d'après la Constitution, les organes de l'État, en particulier les tribunaux, ne sont habilités à appliquer que le droit étatique, et par suite ne peuvent appliquer le droit international que si et lorsque son contenu a été revêtu d'une forme de droit étatique [...] c'est-à-dire transformé en droit étatique » (p. 325).

La dissolution de l'État

Comme nous l'avons vu précédemment[3], la théorie pure aboutit, de l'aveu même de Kelsen, à la dissolution de la *personne*. Nous pouvons constater maintenant qu'en raison de sa conception du droit international, cette même théorie aboutit à la dissolution de l'*État*. Tout d'abord, l'État n'a d'existence qu'en raison de son inhérence à l'ordre juridique international :

> « L'État apparaît comme déterminé dans son existence juridique par le droit international [...]; il apparaît donc comme un ordre juridique délégué par l'ordre juridique international. [...] Seul l'ordre juridique international est souverain; aucun ordre

1. *Cf. supra*, pp. 73 s.
2. *Cf. supra*, pp. 75-77.
3. *Cf. supra*, pp. 137 s.

> étatique ne l'est. [...] La validité de l'ordre des États membres repose sur la Constitution de l'État fédéral » (p. 327).

L'État ne survit que d'une existence qui lui est pour ainsi dire procurée ou déléguée par l'ordre juridique international. Cet ordre se réserve de déléguer ou non les prérogatives caractéristiques de l'État et de la souveraineté qui y est attachée habituellement.

> « Le droit international règle la conduite des États. [...] Il établit en outre que le territoire de cet État [...] s'étend jusqu'au point où l'ordre (juridique étatique) est efficace d'une façon durable. [...] Il réglemente également la succession des États dans le temps. [...] Le droit international est d'importance également quant au domaine de validité matériel de l'ordre juridique étatique » (p. 326).

Bien plus, l'ordre juridique international ne se borne pas à limiter la souveraineté de l'État. Comme il lui délègue cette souveraineté, l'ordre juridique international finit par aliéner l'État de toute souveraineté :

> « Les États [...] ne conservent de compétence (pour établir des normes sur n'importe quel objet) que dans la mesure où le droit international ne s'empare pas d'un objet, l'enlevant ainsi à une libre réglementation par l'ordre étatique. » [...] « Si l'on admet que le droit international est un ordre juridique supraétatique, les ordres étatiques n'ont plus la souveraineté en matière de compétence » (p. 324).

Nous sommes ainsi ramenés à la question de la norme fondamentale. Celle-ci, nous a dit Kelsen, a un caractère hypothétique. Paraphrasant Kant, on pourrait dire qu'elle est un postulat de la raison juridique, dont Kelsen a besoin pour cimenter la cohésion de la pyramide. Cette norme, *hypothétique*, *doit être supposée* pour que soient assurées non seulement la validité des normes de moindre degré, mais surtout la validité de l'ordre juridique international lui-même.

Surgit alors la question de la norme fondamentale du droit international et de sa validité.

> « Cette norme fondamentale devient [...] le fondement immédiat de la validité de l'ordre étatique. En tant que véritable norme fondamentale, elle n'est point, on le sait, une norme posée mais supposée. Elle représente l'hypothèse moyennant laquelle le "droit international général" – c'est-à-dire les normes efficaces [...] qui règlent la conduite mutuelle des États peuvent être considérées comme des normes juridiques obligatoires liant les États » (p. 218).

Chapitre XIII

Un système de contrôle mondial

Dans le système purement logique de Kelsen, il n'y a aucune place pour des « droits de l'homme » qui seraient antérieurs à l'État. La reconnaissance de tels droits conduirait, dans la logique de cette théorie, à la *subsidiarisation* de l'État. Mais plus fondamentalement encore, cette reconnaissance conduirait à la contestation de l'État mondial et de l'ordre juridique qui lui correspond. Dans ce système, peut-être chacun est-il libre de penser, par-devers soi, ce qu'il veut; mais tous doivent accorder leur conduite aux obligations et aux sanctions dont les normes sont assorties. L'individu doit obéir au droit parce qu'il est le droit, parce que celui-ci s'identifie à l'État, et non parce qu'il serait *raisonnable* d'obéir à une loi juste issue, par exemple, de la raison, de la nature ou de Dieu.

Une théorie du pouvoir

Pas de place pour les Droits de l'Homme

La théorie de Kelsen, parce qu'elle est à la fois une théorie de l'État et une théorie du droit, est donc aussi une théorie du pouvoir. Le rôle donné par Kelsen à l'*efficacité* est révélateur d'une parenté réelle entre lui et Machiavel. De même que les États particuliers doivent tendre vers l'État mondial et unique, de même que l'ordre juridique mondial doit devenir l'ordre juridique suprême, ainsi le Pouvoir doit être concentré au plan mondial. En rigueur, le rôle de l'État mondial ne doit pas consister à coordonner la conduite des États; s'il le faisait ce ne serait qu'à titre précaire et transitoire. L'État mondial *doit* en effet *subordonner*, au sens littéral, les États particuliers et même, à terme, les dissoudre.

La théorie pure du droit postule donc un système juridique unique où la validation des droits étatiques dépendra d'un État unique, dont la souveraineté et l'autorité seront illimitées. Cet État unique, appelé État mondial, procurera l'unité juridique et politique du monde, l'essence du politique étant finalement niée à la faveur de l'assimilation de l'État au droit. L'État mondial recevra sa validation de l'ordre juridique pyramidal, exigé du reste pour la validité des droits étatiques eux-mêmes. Cette conception pyramidale du droit postule donc une concentration extrême du pouvoir. Il n'y a plus de place ici pour la séparation classique des pouvoirs. Le pouvoir est ici *absolu*, au sens littéral de ce mot : il est coupé de toute référence à un corps politique, aux corps intermédiaires et finalement aux personnes de chair et d'os constituant ces corps.

En outre, contestant radicalement la souveraineté des États particuliers, le système kelsénien ruine les droits de l'homme dont, d'après la Déclaration de 1948, l'État particulier devait être le premier promoteur et protecteur.

Ainsi, en vertu de sa subordination à la norme de degré supérieur, le droit étatique était déjà mis dans l'impossibilité de se soucier prioritairement des droits des personnes. En vertu de la norme suprême, le droit international doit s'interdire de protéger la souveraineté des États. Cette double démobilisation, des personnes et des États, ainsi que la désactivation finale de leurs droits respectifs, exclut tout pouvoir modérateur; elle exclut la distinction des pouvoirs; elle laisse le champ totalement libre aux projets impériaux et hégémoniques. Bref, le système pyramidal de Kelsen est *holistique* : le super-État et l'ordre juridique qui valide celui-ci constituent la réalité unique hors de laquelle rien ni personne n'a de valeur.

La théorie de Kelsen repose donc sur une forme de monisme radical juridico-politique. Toute l'organisation de la société obéit à une architecture mettant d'abord les individus dans l'obligation d'obéir aux normes juridiques des droits étatiques particuliers, et mettant ensuite les États particuliers dans *l'obligation d'obéir à la norme fondamentale décidée en fin de compte par le droit international.*

Un totalitarisme sans visage

Quel que soit le niveau auquel on considère la pyramide, la norme juridique tire son efficacité de sa *cohérence logique* avec la *procédure* de production des normes. La procédure ne diffère pas substantiellement de celle qui, selon John Rawls, aboutit à des décisions « justes »[1]. Ici, la règle fondamentale de production des normes, c'est que toutes dérivent, en fin de compte, de la norme fondamentale supérieure, hypothétique.

---

1. *Cf. supra*, pp. 41 s.

Kelsen a besoin de cette base – ou de ce sommet, c'est selon – pour fonder sa théorie, qui est sous-tendue par un projet de *monisme juridique* totalement immanent. La subordination des individus aux États et des États à un centre de commandement mondial, caractérisé par une souveraineté indiscutable, ordonné par un droit international, est une *nécessité logique induite* par sa théorie du droit. Cette conception du droit légitime *nécessairement* un État mondial et à terme un pouvoir mondial, sujet exclusif de souveraineté et d'autorité illimitée. L'universalité *doit* venir du sommet de la pyramide et non de l'assentiment que donneraient à des vérités fondatrices les vouloirs libres et convergents des membres de la communauté humaine, des corps intermédiaires, des corps politiques, des nations ou des États[1].

Or, précisément parce que cette norme fondamentale ultime est hypothétique, c'est l'État mondial qui, de fait, en recueille et en exerce les fonctions. Cette *concentration* extrême du pouvoir est déjà en train de se faire sous nos yeux incrédules. Le

---

1. Une étude récente suggère un parallélisme, pas vraiment surprenant, entre le *super-État* de Kelsen et le *Léviathan* de Hobbes. Rendant compte d'un ouvrage de Horst Bredekamp dans *Le Monde* du 8 septembre 2000, Olivier CHRISTIN écrit notamment, à propos du frontispice de la première édition du *Léviathan* (1651) : « Le corps du géant est composé d'une multitude de corps tournés vers son visage [celui du Léviathan]. » Il ajoute : « Ces images participaient évidemment à l'exaltation du souverain rassembleur, unificateur, ordonnateur, garant de l'équilibre du monde. [...] Anamorphoses, longues-vues et kaléidoscopes permettent en effet [...] de penser à nouveaux frais le portrait du roi et sa dissimulation parfois rendue nécessaire par les circonstances. » Cette multitude de corps étagés est à rapprocher du système pyramidal de Kelsen. L'ouvrage analysé, que nous connaissons grâce à O. Christin, a pour auteur Horst BREDEKAMP et a pour titre *Thomas Hobbes visuelle Strategien. Der Leviathan : Das Urbild des modernen Staates*, Berlin, Akademie Verlag, date non mentionnée (2000 ?). Le frontispice en question est reproduit dans la traduction française du *Léviathan*, procurée par François Tricaud, Paris, Éd. Sirey, 1971.

super-État en train d'émerger sera un directoire anonyme, dont les rouages seront *légion*[1]. Les totalitarismes « classiques » du XXe siècle avaient des dictateurs parfaitement visibles, et leurs régimes se donnaient des institutions qu'il était loisible de décrire. Le nouveau totalitarisme qui est en train de se mettre en place au nom de l'ordre juridique international est un totalitarisme *collectif, anonyme*, sans visage. C'est un totalitarisme dont la puissance illimitée se diffracte dans des Tribunaux, ainsi que nous l'avons déjà relevé souvent, mais aussi dans la Déclaration sur les défenseurs des droits de l'homme[2], dans l'AMI[3], dans des ONG, dans les réseaux médiatiques mondiaux, dans des organisations régionales enfin, comme l'Union européenne. Tous font pression pour accélérer le processus de *centralisation* mondiale.

Un système policier

Jurisprudence et bureaucratie

La structure originelle de l'ONU portait déjà la marque de la théorie de Kelsen ; à présent, au sein de l'Organisation, cette influence est de plus en plus nette. La prépondérance du Conseil de Sécurité, le pouvoir d'initiative du Conseil économique et social (art. 62-71 de la Charte), la nomination du secrétaire par l'Assemblée sur recommandation du Conseil de Sécurité (art. 97), les compétences du secrétariat illustrent de

1. *Cf.* Mc 5, 9. Voir aussi notre ouvrage *L'enjeu politique de l'avortement*, pp. 206-208.
2. *Cf.* pp. 73-77.
3. *Cf. supra*, pp. 77 s.

façon remarquable la structure pyramidale et kelsénienne de cette Organisation internationale. Les droits étatiques, visant au maintien de l'ordre, sont pris en compte (art. 2, 7), mais sont subsumés dans le droit international, c'est-à-dire surplombés par l'Organisation internationale dont la force est au service du maintien de l'ordre international (art. 12). Les articles consacrés aux territoires autonomes (art. 73 s.) ou au régime international de tutelle (art. 75-85) confirment cette « vocation » de l'ONU à décider du droit international sans que soit faite mention précise d'un contenu auquel elle devrait se référer, ni de la compétence des États dans la codification de ce droit. Dans ce contexte, qui majore considérablement le rôle *juridique* de l'Organisation, l'évocation des droits de l'homme eux-mêmes ne peut renvoyer qu'à une conception volontariste de ces droits.

Selon cette logique, il n'est donc ni nécessaire ni souhaitable que l'Assemblée générale soit une véritable assemblée délibérative et moins encore législative, puisque, en présence d'une organisation où s'identifient l'unique appareil d'État international et le droit, le droit a son origine dans la coutume et le consensus, et il s'énonce dans la *jurisprudence* validée par le système pyramidal des normes. Il faut toutefois remarquer que cette jurisprudence n'est pas l'interprétation autorisée, selon les principes généraux du droit, de la coutume ou même d'une loi émanant d'une assemblée législative distincte du pouvoir exécutif – interprétation qui ne vaut d'ailleurs, en principe, que pour tel cas particulier considéré. Dans le cas de l'Organisation, la jurisprudence reçoit sa validité, en dernière instance, de la volonté de l'État unique.

C'est ce qui explique le rôle dévolu au Tribunal pénal international. Comme il n'y a plus moyen d'identifier des principes généraux du droit, il appartiendra au Tribunal de révéler le sens des textes juridiques et des décisions consensuelles, de dire quelle en est l'interprétation valable. Les divergences dans l'interprétation sont dès lors *intolérables* car elles ruinent l'ordre juridique et *par conséquent* l'État supranational. Au terme de ce procédé, il ne reste guère à l'Assemblée générale que de consentir aux décisions déjà prises par le centre de pouvoir suprême, fondé, pour cette raison même, à dire le droit.

Les *conventions* et les *pactes* apparaissent ici non comme des accords passés librement entre États particuliers et souverains, mais comme un maillon juridique émanant du vouloir de l'Organisation internationale requérant, via les ratifications, l'obéissance des États. D'où – on y revient toujours – la hantise du consensus. Quant aux *législations nationales*, elles ne peuvent subsister que si elles s'insèrent, à titre subordonné, dans l'édifice qu'on a appelé « grandiose » du droit international kelsénien, entendu ici comme expression des décisions prises par l'Organisation internationale, ou par les satellites qui agissent pour celle-ci au titre de la vicariance. Le droit des États se transforme ainsi en un *réseau* dont le droit international ne se prive pas de disposer pour étendre ses propres ramifications à l'échelle planétaire.

Ces satellites sont des agences onusiennes où une fourmilière de fonctionnaires incarnent la *bureaucratie wébérienne*. L'organisation rationaliste de l'État mondial exige en effet une administration dont les fonctionnaires participent au pouvoir et peuvent être source de droit. L'administration n'est plus ici un moyen, au service d'un projet qu'elle ne décide pas ; elle agit par délégation et sous contrôle. L'anti-subsidiarité réapparaît ici : la bureaucratie devient source de droit, énonce des normes, oblige et contraint. Non pas dans un seul domaine, mais dans tous les domaines où il est utile de dire le droit. De cette dérive que l'on observe, Kelsen lui-même suggère[1] qu'elle trouve un précédent dans la bureaucratie stalinienne.

1. *Cf.* le texte cité *infra*, p. 169.

Détournement de sens

On comprend ainsi que le « normativisme » soit la théorie du droit convenant parfaitement au Nouvel Âge et à ses réseaux. Ce même normativisme s'accommode également fort bien de l'érosion, fréquemment observée, de la *souveraineté*. Une érosion qui se manifeste surtout de deux façons. Tout d'abord, dans les tendances centrifuges et séparatistes que l'on observe en maintes régions ou dans de nombreux États-Nations. Ces tendances sont évidemment de nature à débiliter la capacité des États à s'opposer au projet de concentration pyramidale du pouvoir. Ensuite le pouvoir des États est court-circuité par une pléthore d'ONG *acquises* au normativisme onusien.

À partir d'une étonnante théorie du droit, nous sommes donc en présence d'un processus de concentration pyramidale du pouvoir absolument sans précédent dans l'histoire. « Justifiée » par cette théorie du droit, cette concentration du pouvoir postule l'existence d'un État de droit *supranational*, c'est-à-dire d'une entité politique décidant du droit, titulaire exclusif de la souveraineté et de l'autorité suprême, fondé à obliger tous les États particuliers, fondé aussi à interpréter authentiquement le droit que lui-même produit.

En somme, tous les instruments juridiques actuels, nationaux et internationaux, sont l'objet d'un *détournement de sens* : au lieu d'être au service des droits de l'homme réel, celui de la « base », ils servent de relais à l'édifice logique échafaudé au profit d'un droit international, lui-même expression d'une volonté hégémonique, absolue et totalitaire, puisque, selon la logique du système, aucune réalité, aucune valeur, ne peut lui être opposée.

Une telle conception du droit est évidemment de nature à fasciner les *libéraux* les plus radicaux, et ceci pour deux raisons au moins. Tout d'abord parce que le droit reste exclu de tous les domaines où l'État, international ou particulier, ne *veut* pas exercer le droit. Il est même dans la stricte logique de cette conception du droit que, comme chez Hobbes, l'individu puisse faire absolument tout ce qu'il a intérêt à faire, tout ce qui lui fait plaisir, *pourvu que* l'État ne lui impose ni obéissance, ni obligation, ni interdiction concernant tel ou tel acte qu'il lui plairait d'accomplir. Ensuite, parce que le droit ainsi conçu peut faire main-basse sur les domaines extra-juridiques les plus divers. Au profit de l'État international, il peut alors définir des obligations ou des interdits portant sur n'importe quel domaine, par exemple scientifique, technique, monétaire, économique, biomédical, etc.

La maîtrise de la vie

Si l'on veut prêter un tant soit peu attention aux plans d'action, recommandations, décisions consensuelles et autres conventions émanant du FNUAP, de l'OMS, de l'UNICEF, de la Banque Mondiale, du PNUD, etc., on constatera aussitôt que les « nouveaux droits de l'homme » sont simplement les nouvelles normes, produites, à leur niveau pyramidal, par les agences considérées. On constatera également que ces normes reçoivent leur validité de l'ordre juridique mondial et de l'État mondial en voie d'édification par palier.

On constate alors que l'ordre juridique mondial qui est en train de se construire n'est pas au service d'un projet impérial ou hégémonique de type classique. *Il est au service du contrôle de la vie*. La norme suprême est ici la maîtrise de la vie pour en arriver, par là, à la domination des hommes[1] et à celle des

1. *Cf.* notre ouvrage *Maîtrise de la vie, domination des hommes*, Paris, Éd. Lethielleux, 1986; voir aussi *L'enjeu politique de l'avortement*, Paris, Éd. de l'O.E.I.L., 1991, spécialement pp. 189-213. – Lors du procès des médecins de Nuremberg (25 octobre 1946 – 19 juillet 1947), les problèmes de fond que

choses. « La vie, qui avec les Déclarations des droits de l'homme, était devenue le fondement de la souveraineté, devient désormais le sujet-objet de la politique étatique (qui se présente ainsi toujours plus clairement comme "police")[1]. » Toute une *casuistique bioéthique* a actuellement pour objectif d'alimenter la coutume, de rallier le consensus le plus large, d'aboutir à des conventions, règlements et autres plans d'action. Le tout émanant en dernier ressort de la norme hypothétique cautionnant l'ensemble du système : normatif, contraignant, répressif. Et, pourquoi pas, policier.

---

nous examinons ici affleuraient déjà. Voir à ce sujet Gérard MÉMETEAU, « Nuremberg : mythe ou réalité », dans la *Revue de la Recherche juridique. Droit prospectif*, Presses universitaires d'Aix-Marseille, 3, 1999, pp. 605-629.

1. Giorgio AGAMBEN, *Homo sacer. Le pouvoir souverain et la vie nue*, Paris, Éd. du Seuil, 1997, *cf.* p. 161. Voir aussi *supra*, p. 129, n. 1, à propos de K. Binding.

Chapitre XIV

La vengeance du réel

Les États satellisés

Au terme de cette analyse, force est de reconnaître que le mot *système* a acquis une signification différente de celle que nous avions observée au point de départ[1]. *Le mot système, qui s'appliquait aux normes, s'applique maintenant aux organisations.* Ce mot désigne désormais, comme en mécanique, une machine ou un appareil, ou même un ensemble d'appareils produisant un effet déterminé. On parle d'un système téléphonique ingénieux, d'un système de chauffage économique, d'un système de freins efficace. Le système pyramidal de normes, que l'ONU a déjà adopté, a transformé cette organisation en une formidable machine dont la fonction est de contrôler la vie, et donc les individus, les familles et les États.

L'ONU est même devenue système en un autre sens : au sens que ce mot reçoit dans des expressions comme système solaire ou système planétaire. De même que les planètes

1. *Cf. supra*, p. 143.

tournent autour du soleil, les États particuliers doivent accepter – avant d'être engloutis – d'être des satellites de l'État mondial.

L'ONU tend ainsi à devenir une immense machine faisant un usage idéologique du droit, peut-être dans le vain espoir de légitimer le pouvoir du triangle invisible.

Une entourloupette sophistique

En dernière analyse, le droit phagocyte l'essence du politique dans la mesure où, ignorant méthodiquement le *fait politique*, il ne peut qu'ignorer également les références méta-juridiques qui balisent effectivement cette dimension de l'existence humaine. Pour Kelsen, le droit ne se borne pas à *légaliser* ce que l'État décide; il le *légitime*. Le régime que Kelsen lui-même avait dû fuir était ainsi cautionné par une de ses victimes. Bien plus, Kelsen apportait d'avance une théorie avalisant les systèmes juridiques futurs qui invoqueraient le droit pour légitimer l'injustice.

En résumé, la théorie de Kelsen extrapole, au profit d'un centre souverain de pouvoir mondial, la logique totalitaire que Hobbes développait au profit de l'État particulier. Quoiqu'elle s'en défende, la théorie de Kelsen a toutes les caractéristiques d'une construction idéologique coupée à tous égards de la réalité. Kelsen s'interdit même de pouvoir avancer, à la façon de Spinoza, que « l'ordre des idées est le même que l'ordre des choses ». C'est au réel – si réel il devait y avoir – qu'il appartiendrait de se lover dans cette construction radicalement rationaliste qui prétend le (re)construire et le mouler dans des droits eux-mêmes imbriqués dans un réseau de concaténations.

Or ces enchaînements en cascade, ces droits encastrés comme des poupées russes, ne peuvent même pas revendiquer le statut d'une construction purement formelle, d'une architecture strictement logique, qui serait, pour ces motifs, à l'abri des intérêts particuliers et des passions. Kant s'était déjà heurté à un problème analogue : on a beau suspendre tout assentiment au réel, celui-ci finit toujours par se venger. Il finit toujours par rebondir, par exemple sous la forme honteuse du postulat dont il faut tôt ou tard concéder la *réalité*. Kelsen n'est guère plus heureux que son maître et il n'échappe pas à une *entourloupette sophistique*, puisque la validité de toute sa construction pyramidale est suspendue, paradoxalement, à la *réalité* de la norme fondamentale ultime, dont il assure sans broncher qu'elle est *hypothétique* !

Peu attentif à la *réalité* du totalitarisme auquel sa théorie avait offert une caution « juridique » involontaire, Kelsen – dans la mesure considérable de son influence – a mis le droit dans l'impossibilité d'être ce qu'il avait pourtant largement été traditionnellement : un rempart contre l'*arbitraire*, un instrument sans pareil au service des droits de l'homme et de la justice. Avec Kelsen, le droit devenait objet de pouvoir et le pouvoir objet de droit. Avec l'acharnement de tous les idéologues qui s'évertuent à bricoler un réel conforme à leurs utopies, et invoquant jusqu'à leurs bévues pour conforter leurs positions, Kelsen écrivait encore, dix ans avant sa mort, survenue en 1973 :

> « Du point de vue de la science juridique, le droit établi par le régime nazi est du droit. Nous pouvons le regretter, mais nous ne pouvons pas nier qu'il s'agit d'un droit. Le droit de l'Union soviétique est du droit ! Nous pouvons l'exécrer comme nous avons horreur d'un serpent venimeux, mais nous ne pouvons pas nier qu'il existe, ce qui veut dire qu'il vaut[1]. »

---

1. H. KELSEN, *Das Naturrecht in der politischen Theorie*, Vienne, 1963, p. 148 ; il s'agit d'un exposé au Congrès du Centre international des recherches concernant les problèmes fondamentaux de la science. Nous reprenons ce texte tel qu'il est cité par Julien FREUND, *L'essence du politique*, Paris,

Cette monstruosité juridique est en train d'étendre ses tentacules à l'échelle internationale. D'une certaine façon, la prise de pouvoir mondial a déjà eu lieu. Dans la mesure où l'ONU change radicalement la source du droit, c'est-à-dire qu'elle abandonne le réalisme traditionnel pour introniser le rationalisme normativiste de Kelsen, elle est en train d'imposer à la société humaine une structure pyramidale de pouvoir et manipule à cette fin le droit international. Après tout, même des auteurs d'une stature comparable à celle de Hegel peuvent servir plusieurs fois dans l'histoire.

Un manifeste anti-nations

Au plan pratique et institutionnel, les idées internationalistes de Kelsen, déjà présentes, comme nous l'avons vu, dans la plupart des structures institutionnelles onusiennes, inspirent différents projets dont il faut mesurer les enjeux. Il ne suffit pas de faire échec aux droits inaliénables de l'homme en exténuant la Déclaration de 1948. Ce but ne saurait être lui-même atteint si les États nationaux n'étaient pressés de s'effacer au profit du sommet de la « pyramide ». C'est ce que préconise le projet centralisateur de gouvernance mondiale.

Le projet de transformer l'ONU en système de gouvernement mondial remonte à un groupe de travail réuni en 1990 par le chancelier Willy Brandt[1]. Il s'agissait, pour réconcilier

---

Éd. Sirey, 1965, pp. 723 s. Certains passages de la *Théorie pure* préparent, pour ainsi dire, cette affirmation. Voir par exemple le texte des pp. 197 s. de la *Théorie*, cité *supra*, p. 146.

1. En réalité, ce projet remonte à la présidence de Woodrow Wilson (1856-1924; président des USA de 1913 à 1921) et au Council for Foreign Relations. Voir *La dérive totalitaire du libéralisme*, pp. 131 s.

les deux blocs antagonistes de l'Ouest et de l'Est, de reconstruire les relations internationales au lendemain de la liquidation de la guerre froide. Cette démarche excluait cependant toute hypothèse d'implosion du système soviétique, et elle s'accommodait de la pérennité de ce totalitarisme.

De là sont nées différentes initiatives ambiguës concernant la sécurité mondiale. De là est née aussi une ONG appelée la *Commission on Global Governance* (Commission sur la gouvernance mondiale). Cette commission a fait l'objet d'une communication de James Gustave Speth, le 18 mars 1997, lors de la Conférence de Rio[1]. Dans son intervention, M. Speth lie étroitement « Global Governance » et « Sustainable Development »[2]. Ce projet était déjà exposé dans *The Report of the Commission on Global Governance*, intitulé *Our Global Neighbourhood*[3].

Il s'agit d'un projet gigantesque, qui a l'ambition de réaliser l'utopie de Kelsen, en visant à « légitimer » et à mettre sur pied un gouvernement mondial unique, dont les agences de l'ONU pourraient devenir des ministères. Tous les thèmes habituels répondent à l'appel. Un relief spécial est toutefois donné à l'environnement, à la nécessité de créer un nouvel ordre légal et à l'urgence de trouver des fonds pour réaliser ce projet.

Cette gouvernance globale avait déjà fait l'objet d'un encadré dans le Rapport du PNUD en 1994. Ce texte encadré, rédigé à la demande du PNUD par Jan Tinbergen, prix Nobel d'économie (1969), a toutes les allures d'un manifeste commandité par et pour l'ONU. En voici un extrait[4] :

---

1. Cette conférence célébrait le cinquième anniversaire de celle de 1992; *cf. supra*, p. 62 s.

2. Le texte du discours de James Gustave Speth compte onze pages dactylographiées.

3. Oxford University Press, 1995.

4. Ce texte figure dans le *Human Development Report 1994*, publié par le PNUD, New York et Oxford, 1994; la citation se trouve p. 88.

> « Les problèmes de l'humanité ne peuvent plus être résolus par les gouvernements nationaux. Ce dont on a besoin, c'est d'un gouvernement mondial.
>
> « La meilleure façon d'y arriver, c'est de renforcer le système des Nations Unies. Dans certains cas, cela signifierait qu'il faut changer le rôle d'agences des Nations Unies et que de consultatives elles deviennent exécutives. Ainsi, la FAO deviendrait le ministère mondial de l'Agriculture, UNIDO deviendrait le ministère mondial de l'Industrie, et ILO le ministère mondial des Affaires sociales.
>
> « Dans d'autres cas, des institutions complètement neuves seraient nécessaires. Celles-ci pourraient comporter, par exemple, une Police mondiale permanente qui pourrait citer des nations à comparaître devant la Cour internationale de Justice, ou devant d'autres cours spécialement créées. Si les nations ne respectaient pas les arrêts de la Cour, il serait possible d'appliquer des sanctions, tant non militaires que militaires. »

Sans doute, tant qu'elles existent et qu'elles accomplissent bien leur rôle, les nations protègent-elles les citoyens ; elles font respecter les droits de l'homme et utilisent dans ce but les moyens appropriés. Dans les milieux de l'ONU, *la destruction des nations apparaît donc comme un objectif à rechercher si l'on veut étouffer définitivement la conception anthropocentrique des droits de l'homme*. En en finissant avec ce corps intermédiaire qu'est l'État national, on en finirait avec la subsidiarité puisque serait mis en place un État mondial centralisé. La route serait alors dégagée pour l'arrivée de technocrates et autres aspirants à la gouvernance mondiale totalitaire.

Troisième partie

LE DISSENTIMENT CHRÉTIEN

CHAPITRE XV

L'ONU : quelle estime pour la vérité ?

Dans les discussions qui ont eu lieu lors de l'Assemblée de Pékin + 5 (New York, 5-9 juin 2000), de même que dans celles qui ont précédé, on a remarqué la présence d'une peur obsessionnelle de la différence et de la dissidence[1]. Ce qui tend à s'imposer, c'est toujours l'empire du consensus. L'Assemblée du Millenium a encore confirmé cette tendance.

LA CONTAGION MIMÉTIQUE

Imiter la violence

Le thème des « nouveaux droits » a, bien entendu, été l'un des points centraux de ces réunions et, comme prévu, de

---

1. À propos de ces réunions, on consultera le site : <http://www.un.org/french/millenaire/>

grands efforts ont été déployés – sans grand succès, il est vrai – pour inclure l'avortement parmi ces « nouveaux droits ». On a remarqué à cette occasion que les propagateurs des « nouveaux droits » exploitent ce que le philosophe français René Girard a appelé le « mécanisme de la contagion mimétique », c'est-à-dire la tendance à imiter la violence à laquelle cèdent les autres[1].

Les « nouveaux droits » doivent mouler les mœurs, imprégner les « valeurs » qui inspirent les conduites. Résultat de procédures consensuelles, les « nouvelles valeurs » induisent des conduites mimétiques. Tous les hommes devraient en arriver à imiter les comportements élevés à la dignité de « nouveaux droits » et à souscrire aux nouvelles « valeurs » que ces « nouveaux droits » sont censés concrétiser. Les médias se chargent de propager cette tendance imitative à l'ensemble de la société.

Quand on examine de plus près la question des « nouveaux droits », on constate que le désir d'imiter les autres se manifeste dans la *contagion* fulgurante avec laquelle se divulgue le non-respect de la vie humaine. La transgression provocatrice de quelques-uns déclenche l'accélération de la conduite imitative. Les pionniers de l'avortement illégal sont imités, fêtés, félicités pour leur « courage ». L'avortement est dépénalisé; bientôt il est légalisé; finalement, il devrait devenir un « nouveau droit » de l'homme, admis universellement. De même que les autres « nouveaux droits ».

Cette contagion imitative ou mimétique est aujourd'hui l'un des plus importants signes des temps qui interpelle les chrétiens et tous les hommes de bonne volonté. C'est trop peu de

1. Tout l'œuvre de René GIRARD apporte un éclairage saisissant à la question de la violence et du respect de la vie. Dans ses derniers ouvrages, cette œuvre débouche de façon grandiose sur le mystère de la Croix. Voir spécialement *Je vois Satan tomber comme l'éclair*, Paris, Éd. Grasset, 1999; *Quand ces choses commenceront... Entretiens avec Michel Treguer*, Paris, Éd. Arléa, 1994. Rappelons aussi, dans un registre différent, Giorgio AGAMBEN, *Homo sacer*, cité p. 166, n. 1.

dire que le droit fondamental de l'être humain à la vie devient de plus en plus fragile; il faut ajouter que ce droit est de plus en plus difficile à défendre. Ce droit est mis en pièces par un consensus imitatif galopant.

L'innocent coupable

Le cas dramatique de l'avortement (on avance le nombre de plus de 50 millions par an dans le monde) est beaucoup plus qu'*un* exemple illustratif parmi beaucoup d'autres. En réalité, l'avortement est le cas *principal* qui manifeste la tendance imitative en train de dériver vers la violence érigée en droit, vers le don de la mort comme expression de la volonté souveraine.

De fait, dans le cas de l'avortement, l'innocent absolu est déclaré coupable. Il est le mal de la contraception ratée; l'obstacle à la carrière et au confort; l'entrave inadmissible s'opposant à ma liberté; il est le frein à l'enrichissement et au développement. À l'innocence totale doit correspondre la violence absolue. L'innocent doit être lynché. Par conséquent, il doit être désigné comme victime, comme bouc émissaire, et même comme *victime coupable*, et il doit être traité comme tel, avec la violence qui le fera taire et disparaître.

On tiendra d'ailleurs un discours analogue concernant les pauvres du tiers-monde, qu'on stérilise; les déficients mentaux ou malades en stade terminal, que l'on euthanasie; les mendiants et les gamins des rues, que l'on tire comme des lapins. Notre siècle rétablit la catégorie de l'*homo sacer*. Au nom des « nouveaux droits de l'homme », des catégories entières d'êtres humains peuvent être mis à mort sans que soit commis d'homicide. Ces êtres sont dépourvus de tout droit; ils échappent totalement à toute protection juridique[1].

---

1. Cette idée est brillamment développée par Giorgio AGAMBEN, dans

Finalement, le langage populaire reflète bien la tendance à l'imitation, à la contagion mimétique : on dit que l'avortement, la stérilisation des pauvres, l'euthanasie, etc., « sont entrés dans les mœurs ».

La tâche la plus noble et la plus fondamentale qui s'impose à tous aujourd'hui, c'est la défense unanime et inconditionnelle de la vie humaine à tous les stades, à toutes les étapes de son déroulement. Voilà ce qui requiert des engagements individuels et politiques. Nous devons dénoncer ces refus du droit fondamental à la vie et à l'intégrité physique, qui crient vengeance au ciel. Si nous ne le faisons pas, nous serons bientôt requis pour être artisans de la mort.

La démocratie a commencé le jour où l'Innocent a crié son innocence, et où ce cri a été entendu. Cela s'est produit le Vendredi saint et s'est répété souvent au cours de l'histoire. Cela s'est répété en particulier le 13 mai 1981 : « Pourquoi m'ont-ils fait ça ? », demandait Jean Paul II quelques instants après son attentat. Tel est le cri de la victime innocente, que la contagion mimétique voudrait faire passer pour coupable.

« Chaque fois que vous l'avez fait à l'un de ces petits, qui sont mes frères, c'est à moi que vous l'avez fait » (Mt 25, 40). Telle est la *Magna Carta* du chrétien engagé au service de la vie. Aujourd'hui, il faut refuser la tendance à imiter la violence qui cherche une légitimation dans les « nouveaux droits ». Nous devons rejeter la violence mimétique, le lynchage des victimes innocentes. Toutes les ressources que nous utilisons dans notre action n'ont de sens que dans la mesure où elles sont appliquées à la défense de la vie à toutes ses phases. C'est ce qu'ont fait beaucoup de saints au fil des siècles. Ils l'ont fait simplement en suivant l'exemple du Christ, qui a rendu la

---

Homo sacer, cité ci-dessus, p. 166, n. 1. Elle est également exposée par Eva CANTARELLA, *Les peines de mort en Grèce et à Rome*, Paris, Éd. Albin Michel, 2000; voir surtout les pp. 274-277.

dignité à toutes les victimes innocentes. Comme le fit le Bon Samaritain, c'est à ces victimes que nous devons donner la priorité. C'est pour elles et avec elles que nous devons construire une société de communion et de solidarité.

L'ONU contre l'Église

Les droits négociés ?

En conséquence d'une évolution sur laquelle on insiste généralement trop peu, l'ONU d'aujourd'hui considère que les droits de l'homme sont le produit d'une négociation perpétuelle, puisqu'il n'est plus possible – dit-on – d'accéder ensemble à la vérité sur l'homme et sur sa valeur. Désormais, par exemple, la norme morale traditionnelle : « Tu ne tueras pas ! » doit être modulée. Le droit à la vie doit être relativisé, selon les situations particulières et au gré de la sensibilité de ceux qui participent au processus de décision. Dorénavant, les droits de l'homme s'imposent parce qu'ils procèdent de la volonté de ceux qui adhèrent au consensus, c'est-à-dire, en fin de compte, parce qu'ils procèdent de la majorité.

Vers l'agnosticisme intolérant

Cette situation explique la campagne actuelle d'attaques contre la présence de l'Observateur permanent du Saint-Siège à l'ONU[1]. Disons tout de suite que cette campagne, appelée « See Change », a rencontré opposition et réserves de la part de

1. *Cf. supra*, pp. 79-85 ; 89.

nombreux hommes politiques, et de groupes religieux protestants et musulmans.

Le Saint-Siège ne demande pas d'argent à l'ONU; il ne lui doit aucune faveur. Alors, pour faire pression sur lui, il faut recourir à d'autres moyens que ceux utilisés pour les représentants que l'on veut neutraliser, rallier ou acheter. C'est pourquoi, faisant preuve d'une complaisance sans précédent, les autorités de l'ONU laissent les coudées franches à des ONG comme la Catholic for Free Choice. Cette ONG, violemment anti-chrétienne, est en réalité une entreprise d'escroquerie aux ramifications variées. Cette organisation usurpe le label catholique pour abuser les âmes simples ou celles qui veulent donner l'impression de l'être.

Par ce biais, on essaye d'intimider les nations qui appuient l'Observateur permanent dans les assemblées de l'ONU[1]. Plus radicalement, il faut tenter de réduire le Saint-Siège au silence, puisque sa position ne se fonde sur aucune forme de consensus, ni encore moins sur les votes de la majorité. La position du Saint-Siège se fonde sur la vérité. Une vérité reconnue et proclamée par l'ONU de 1948, mais que l'ONU du XXIe siècle est en train d'abandonner pour laisser le champ libre à la volonté des plus forts.

Un autre signe de l'animosité vis-à-vis de l'Église est fourni par l'Initiative unie des Religions (United Religions Initiative, URI), dont l'acte de fondation a été signé le 26 juin 2000 à Pittsburgh – cinquante-cinq ans après la signature de la Charte des Nations Unies. Cette Initiative s'oppose à l'évangélisation

1. Voir pp. 91-93. La position du Saint-Siège a été réaffirmée par S. Exc. Mgr Renato Martino le 8 avril 2000, à Grenade, au Congrès des Mouvements pour la vie. Le texte de cette intervention est disponible sur le site *Vinculum*, livraison n° 7 du 26 juillet 2000. Adresse : <vinculum@vinculum-news.com>

et aux dogmes; elle fait campagne pour la vénération de la Terre et milite pour les « nouveaux droits de l'homme[1] ».

La présence chrétienne dérange l'ONU actuelle, parce que, dans le domaine de l'anthropologie, cette ONU a rejeté toute référence à la vérité. Aujourd'hui, appuyée par des pays courageux, le Saint-Siège met en question le rôle *exorbitant* attribué au consensus dans l'enceinte de l'ONU. Celle-ci voudrait amener la communauté mondiale à marquer son consensus et à ratifier les « nouveaux droits » que l'on sait. Il saute cependant aux yeux que l'Église ne peut admettre que soit chassée toute référence à la vérité, comme si l'homme était incapable de déclarer quelque chose de vrai sur lui-même, ou même comme si cela lui était interdit.

Comme la tradition politique et juridique pré-chrétienne, l'Église considère que l'homme est *la* valeur par excellence qui s'impose à l'homme. D'où les pressions téléguidées et financées par le *laïcisme* en vue de mettre l'Église et les chrétiens au ban de la communauté mondiale. Ces milieux veulent que, grâce au mécanisme de la contagion mimétique, triomphe l'agnosticisme intolérant et la violence.

Les jours comptés du totalitarisme laïque

Bâtie sur le sable : l'ONU

Mais à cette ONU-là, il faut dire solennellement : « Attention ! Vous êtes en train d'installer une nouvelle religion totalement sécularisée et paganisée. Vous êtes en train de mettre en

1. Voir <http://pagina.de/noticiasdelaonu>, 13 août 2000.

place un *magistère* qui prétend produire et imposer une Pensée Unique. Vous êtes occupés à organiser de nouveaux *tribunaux* inquisitoriaux pour poursuivre ceux qui seront considérés comme "politiquement incorrects". Vous êtes en train d'étouffer et de détruire tous les *foyers de résistance* faisant obstacle à vos prétentions et à vos plans d'action : la personne, la famille, la Nation et l'État, les religions. Vous installez un nouveau *totalitarisme*, en *déprogrammant* les hommes, en les aliénant de la vérité concernant leur propre dignité, et en les *reprogrammant* à partir de principes mensongers pour lesquels vous faites miroiter l'étiquette de "nouveaux droits de l'homme". Vous êtes occupés à installer une nouvelle *Internationale*, à la fois socialiste et libérale : au service d'une conception perverse de la *mondialisation* et de la *globalisation*, qui, au moyen d'une compétition impitoyable, élimine les plus faibles. »

Cependant, comme tout système qui tend vers le totalitarisme, le système d'une certaine ONU souffre d'un vice incurable : *il manque de vérité*. Cette ONU refuse de reconnaître pleinement la dignité de l'homme, la famille, la société civile, les Nations, les États. Cette ONU veut modéliser l'humanité dans sa totalité, la conformer à son utopie idéologique.

Mais avec cette ONU-là va se passer ce qui s'est passé avec tous les régimes funestes du siècle dernier. Ses jours sont comptés parce que son édifice est construit sur le sable. Ses jours sont comptés parce que cette ONU est déjà divisée, comme l'est déjà le règne de Satan. Ses jours sont comptés parce qu'elle s'est laissé défigurer par des ONG sans scrupule, qui lui imposent leurs diktats au lieu de l'aider à réaliser sa mission de paix, de justice et de développement[1]. Ses jours sont comptés parce que cette ONU ne respecte pas les êtres humains les plus vulnérables. Ses jours sont comptés, parce que cette ONU-là est fondée sur une structure de péché.

---

1. Sur le rôle des ONG, voir l'article 71 de la Charte des Nations Unies.

L'ONU, qui compte tant d'hommes de bonne volonté parmi ses fonctionnaires, qui a fait et continue de faire tant de bonnes choses, a besoin d'urgence de procéder à un *examen de conscience*, et de se soumettre à un audit. Cette évaluation est urgente parce que le mal et les mensonges que propagent certaines de ses agences principales, appuyées par l'IPPF et d'autres ONG, ruinent la *crédibilité* de l'ensemble et minent la *légitimité* de l'institution.

Un écran pour les échecs ?

Si prompte à demander des comptes à ses membres, l'ONU a elle-même des comptes à rendre pour quelque cinquante ans de succès pour le moins limités dans bon nombre de domaines.

Présentant à Rome, le 5 juillet 2000, le projet de réorganisation de la FAO, Jacques Diouf, directeur de celle-ci, reconnaissait que cette institution n'a pas réussi à relever le défi de la faim. Il constatait qu'avec un budget de 157 millions de dollars, la FAO disposait d'un budget très inférieur à celui d'autres agences de l'ONU. Dans son analyse de la situation alimentaire mondiale au seuil du IIIe millénaire, la même FAO relève l'accroissement de la production alimentaire dans les pays en voie de développement, mais constate qu'en raison de l'incurie de beaucoup de gouvernements, 800 millions d'hommes sont toujours sous-alimentés [1].

Le même constat avait été fait le 29 juin à propos du PNUD par Mark Malloch Brown, son administrateur [2]. Le rapport du

---

1. Visitez le site <http://www.fao.org> et la dépêche de l'agence Zenit du 5 juillet 2000.

2. Publié par le Programme des Nations Unies pour le Développement (PNUD), le *Rapport mondial sur le développement humain 2000* a été édité à Paris et Bruxelles par De Boeck Université, 2000. Visitez le site : <http://www.undp.org/dpa/statements/administ.2000/june/29june00.html>

PNUD divulgué en juin 2000 à l'occasion de la session extraordinaire de l'Assemblée générale des Nations Unies, tenue à Genève, fait certes un pas dans la bonne direction. L'ONU elle-même y reconnaît que sa lutte contre la pauvreté est un grand échec. Celui-ci se résume en peu de mots : la pauvreté extrême frappe plus d'un milliard trois cents millions d'êtres humains. Toutefois, comme le soulignait le Pape Jean Paul II en commentant ce rapport, « la nourriture, l'assistance sanitaire, l'éducation, le travail ne constituent pas seulement des objectifs de développement; ce sont des droits fondamentaux qui par malheur sont encore refusés à des millions d'êtres humains[1] ».

Telle est en effet l'erreur de perspective qui fausse souvent le diagnostic de l'ONU et qui, par conséquent, aboutit à la prescription de remèdes inadaptés : le développement ne peut être réduit à un faisceau d'objectifs économiques. Il est essentiellement lié à la reconnaissance effective de l'égale dignité de tous les hommes. La conception des droits de l'homme actuellement promue par l'ONU ne satisfait plus à cette requête. Elle devient donc un frein au développement. Avec sa conception actuelle des droits de l'homme et les ventilations budgétaires qui s'ensuivent, l'ONU d'aujourd'hui ne peut qu'être une machine à fabriquer des pauvres.

On ne remédie pas à l'erreur de diagnostic qui est à l'origine de cette situation en échafaudant des plans de croissance économique d'une inefficacité confirmée, parce que ceux-ci accordent plus d'importance au capital physique qu'au capital humain.

En outre, la vulgate des « nouveaux droits de l'homme » ne peut servir à jeter un voile sur une *gabegie* chronique et légendaire, qui du reste s'étale sans vergogne dans les dizaines de

---

1. Sur cette session qu'on appelle « Genève 2000 » et sur le rapport du PNUD, voir l'article de Lucas DELATTRE, « La pauvreté dans le monde ou les leçons d'un échec », dans *Le Monde* du 21 juin 2000. Voir aussi les bulletins de l'agence Zenit, ZS000625 du 25 juin 2000, et ZS000629 du 29 juin 2000.

réunions onéreuses et dont le financement reste trop souvent obscur. En outre, les « nouveaux droits » ne peuvent servir d'écran dissimulant d'autres échecs honteux : par exemple dans les domaines de l'éducation, des soins élémentaires de santé, de la recherche sur les maladies de la pauvreté.

Il faut aussi que l'ONU rende des comptes à propos de ses échecs dans la protection ou le rétablissement de la paix. Car les gens ont de la mémoire. Échecs – pour nous limiter à des exemples récents – en Bosnie, en Somalie, en Angola, au Cambodge, au Tibet, en Sierra Leone, à Kaboul, au Rwanda, au Zimbabwe, au Kosovo, à Timor, en Tchétchénie, aux Moluques[1].

Alors, avec quelle autorité peut-on parler de « nouveaux droits de l'homme », si l'on comprend par là les « droits » de détruire la famille et de donner la mort ?

La conversion à la vérité

À cette ONU, il faut dire qu'elle est discréditée par le mépris qu'elle affiche pour la personne humaine, pour les familles, pour les minorités, pour les nations. Il est urgent *que cette ONU-là se convertisse à la vérité*. À la vérité de *l'homme*, de sa dignité, de son intégrité physique et spirituelle. À la vérité de la valeur de la *femme* qui, par sa nature propre, fait prévaloir la tendresse sur la force. À la vérité de la *famille*, qui est monogamique et hétérosexuelle, où se vit la plénitude de l'amour humain, où la vie est accueillie, où se forme primordialement la personnalité du nouvel être humain. À la vérité de la *société civile*, qui se fonde aussi bien sur la sociabilité de l'être humain que sur les valeurs reconnues librement par tous

---

1. Voir à ce sujet le brillant éditorial d'André GLUCKSMANN, « Impardonnable ONU », dans *L'Express*, nº 2516 du 23 septembre 1999, p. 70.

et non pas imposées d'en haut. À la vérité de la *société politique*, librement choisie par les citoyens et autonome tant dans son organisation que dans ses lois. À la vérité de la *subsidiarité*, qui limite le pouvoir d'intervention des États, et *a fortiori* des organisations internationales, pour stimuler la créativité des organisations intermédiaires et des particuliers.

Tant que l'ONU n'aura pas opéré cette conversion, elle ne pourra compter sur l'appui des chrétiens que dans la mesure où ses décisions seront en pleine harmonie avec la dignité de l'être humain. Et sur leur résistance dans le cas contraire.

Parce qu'elle a abandonné ses références fondatrices, l'édifice de l'ONU est aujourd'hui fissuré et le danger de son implosion n'échappe pas à l'observateur attentif. L'ONU qui rejette subrepticement les valeurs déclarées de 1948 n'a aucun avenir. Pour se sauver, pour survivre, l'ONU a besoin de la vérité. La vérité qui était dévoilée en 1948. La vérité que l'Église offre sur l'homme, son origine divine, sa destinée – qui est le bonheur définitif. *L'ONU a besoin des chrétiens*, qui sont disposés à mobiliser leur immense potentiel mondial pour appuyer des institutions qui respectent et promeuvent la dignité intégrale de l'homme.

Plus encore : *l'ONU a besoin de l'Église et des chrétiens* parce qu'elle a besoin de se libérer du mensonge et de la violence. Il faut cesser d'étouffer la vérité ! Cesser de déprécier la famille ! Cesser d'interférer dans l'intimité des couples pour « administrer » leur pouvoir inaliénable de transmettre la vie ! Cesser d'écraser les êtres humains les plus faibles ! Cesser de limiter la souveraineté des nations ! Cesser d'installer une globalisation qui, contrôlant l'économie mondiale, contrôlera les hommes ! Cesser la construction insidieuse d'un gouvernement mondial échappant aux hommes et aux Nations ! Cesser de vouloir imposer à l'humanité un système de domestication idéologique à travers le contrôle des médias ! Cesser de vouloir dominer le monde en se servant d'une conception perverse du droit !

CHAPITRE XVI

L'ONU contre la famille

La famille fait aujourd'hui l'objet de nombreuses mises en question. À s'en tenir à ce qu'en disent la plupart des médias, la famille serait une réalité dépassée et même, selon certains, vouée à disparaître[1]. Nous allons essayer de faire le point sur ce débat. Pour cela, nous commencerons par rappeler brièvement la réalité de la famille telle qu'elle apparaît dans l'histoire. Nous verrons ensuite comment la famille est contestée aujourd'hui. C'est cependant la troisième partie qui retiendra le plus notre attention. En effet, au moment même où elle est

1. La littérature sur la question est abondante. Citons simplement Emmanuel TODD, *La diversité du monde. Famille et modernité*, Paris, Éd. du Seuil, 1999; Louis ROUSSEL, *La famille incertaine*, Paris, Éd. Odile Jacob, 1989. Rappelons aussi l'enquête de Henri TINCQ, « Portraits de famille », dans *Le Monde* des 20-24 septembre 1994. Dans ce contexte, on a parlé de *coparents*, de *quasi-sœur*, d'*infamille*, d'*éconduite*, de *démariage*, etc. Ce dernier néologisme est le titre d'un ouvrage d'Irène THÉRY, paru à Paris, aux Éd. Odile Jacob, en 1993. Préparé par le rapport Dekeuwer-Defossez, un projet de loi sur le droit de la famille est actuellement discuté en France. Voir *Le Monde* du 16 septembre 1999.

radicalement contestée, l'importance naturelle de la famille est soulignée par des savants contemporains de premier ordre. Leurs regards scientifiques sont des signes d'espérance, et c'est pourquoi ils méritent d'être portés sans délai à la connaissance du grand public ainsi qu'à celle des décideurs. Au terme de notre démarche, il apparaîtra que *la famille est la meilleure parade face au totalitarisme éclairé* concocté par l'ONU et ses ONG.

Présentation de la famille

Une réalité sociale nouvelle

L'histoire et l'anthropologie nous apprennent que la famille fondée sur le mariage monogamique est une institution « naturelle » très ancienne, dont les historiens de la préhistoire constatent déjà la réalité. La famille est le groupe issu, par filiation, des conjoints unis dans le mariage[1]. La famille est donc une institution fondée sur l'union conjugale, sur le mariage. Comme le mariage, la famille est une réalité publique; elle est distincte de la réalité de chacun des membres qui la composent; elle est l'interface entre le privé et le public; elle est reconnue dans et par la société; elle joue un rôle dans la société. C'est pourquoi la famille est sujet de droits, et des politiques spécifiques lui sont consacrées.

Lorsqu'on dit que la famille est une institution naturelle, on signifie aussi que ce n'est pas la société politique qui crée la famille, ou encore que la famille n'est pas une création des

---

1. Voir l'étude de Lise Vincent Doucet-Bon, *Le mariage dans les civilisations anciennes*, Paris, Éd. Albin Michel, 1975.

juristes. La famille est antérieure à la société politique. Aristote écrivait qu'elle est la cellule de base de la société politique : « L'amour entre mari et femme semble être bien conforme à la nature, car l'homme est un être naturellement enclin à former un couple, plus même qu'à former une société politique, dans la mesure où la famille est quelque chose d'antérieur à la Cité et de plus nécessaire qu'elle, et la procréation des enfants une chose plus commune aux êtres vivants[1]. »

Dès les premiers pas des États de droit, cette réalité naturelle est régulée par les juristes : la famille fait l'objet de législations variant suivant les sociétés. Le droit de la famille, ainsi que le droit patrimonial qui lui est intimement lié, est un des piliers du droit civil. Le droit positif organise donc la réalité naturelle qu'est la famille, mais ce n'est pas lui qui en suscite l'existence.

La Pira, qui, avant d'être homme politique, était brillant juriste et spécialiste du droit romain, montre même, dans une étude largement commentée par Pierangelo Catalano[2] (lui-même brillant romaniste), la « diversité structurelle existant entre le contrat par consentement du droit privé et l'acte matrimonial bilatéral ». Ce dernier « sort de l'espace du droit privé et se situe dans l'espace du droit public ». Et La Pira d'expliquer : « C'est un acte bilatéral (du mari et de la femme), consensuel [...], qui crée [...] un organisme, un être nouveau, une unité (ontologique) sociale nouvelle. »

Chaque mariage est donc l'origine d'une *réalité sociale nouvelle*, la famille. Il fonde une société nouvelle où les Romains voyaient déjà le *principium urbis*, l'origine de la Cité, le *seminarium rei publicae*, le germoir de la société civile, la *pusilla res*

---

1. *Cf. Éthique à Nicomaque*, VIII, 14.

2. Nous suivons ici l'étude fouillée de Pierangelo CATALANO, « La familia "fuente de la historia" según el pensamiento de Giorgio La Pira », version espagnole, manuscrite et très documentée, d'un article publié d'abord en italien et sans notes dans l'*Osservatore romano* du 9 janvier 1994.

publica, le condensé de la République, la pierre fondamentale de la *civitas* et de toute la société humaine.

Amour et fécondité

Traditionnellement, deux fonctions sont reconnues à la famille. La première est *procréative* : c'est dans le cadre de la famille fondée sur le mariage que se transmet la vie, que se renouvellent les générations. Par sa fonction procréative, la famille permet à la société de durer, c'est-à-dire de continuer à exister, à agir, à s'affirmer. La procréation présente donc deux facettes. Elle procède de la tendance naturelle des conjoints à la communication de la vie, à sa conservation, mais elle correspond également à la nécessité de survivre, caractéristique de toute société dynamique. La contestation actuelle de la finalité procréative de la famille entraîne donc non seulement les répercussions que l'on sait au niveau de la famille proprement dite, mais elle met aussi en péril la survivance de la société.

La procréation humaine comporte l'éducation des enfants, la formation, à tous les niveaux, d'un nouvel être humain. L'éducation reçue dans la famille n'est pas simplement la base de toute éducation ultérieure. En famille, l'éducation est offerte par le père, par la mère et par le couple lui-même. L'éducation reçue dans la famille est le point de départ de toute éducation et de toute socialisation. Dès sa naissance, l'enfant est accueilli dans sa différence et, progressivement, il reconnaît et accueille lui-même les autres dans leurs différences. L'éducation reçue dans la famille prépare donc l'enfant à son insertion dans une société démocratique, où il sera reconnu et où il reconnaîtra les autres[1].

1. Les limites de l'éducation donnée en marge de la famille ressortent de l'expérience des kibboutzim, que Bruno Bettelheim a analysée dans *Les enfants du rêve*, Paris, Éd. Laffont, 1969.

La seconde fonction de la famille est souvent appelée *unitive* : les époux s'unissent sur le long terme, ils se manifestent durablement leur amour. Ici apparaît la spécificité de la sexualité humaine, qui n'est pas réductible à un processus physiologique. Lorsque les époux s'unissent, ils se manifestent de la tendresse, de l'affection, des sentiments profondément humains. Les époux forment pour ainsi dire « un seul être, une seule vie ». Cette union matrimoniale qui s'épanouit dans la famille était saluée à Rome par des expressions pour ainsi dire lyriques, qui surprennent dans le vocabulaire austère du droit : *conjunctio maris et feminae* (l'union du mari et de la femme), *consortium omnis vitae* (un engagement à partager toute la vie), etc.[1]. Entre les conjoints, il y a interdépendance, plus encore : solidarité. Et cette solidarité s'étend à l'ensemble de la famille.

Des études contemporaines célèbres ont montré que deux règles, universellement observées, visent à protéger la famille. L'une concerne l'*exogamie* : il faut chercher son conjoint dans un autre groupe que celui d'où l'on procède soi-même. L'autre concerne l'*inceste* : celui-ci interdit les relations sexuelles entre proches parents[2].

La famille peut relever de différents types d'organisation. L'Antiquité romaine, par exemple, a abandonné peu à peu la famille *agnatique*, basée sur la parenté par les mâles, pour lui préférer la famille *cognatique*, basée sur les liens du sang et spécialement sur la parenté par les femmes. Actuellement encore, on considère que la famille est *patriarcale* quand le chef de famille y exerce l'autorité et quand elle préserve un patrimoine. Elle est *nucléaire* quand elle s'articule autour du noyau constitué par le père, la mère et leurs enfants.

---

1. *Cf.* P. Catalano, *o.c.*, *supra*, p. 189, n. 2.

2. *Cf.* Claude Lévi-Strauss, *Les structures élémentaires de la parenté*, La Haye, Éd. Mouton, 1967.

Issue du mariage, la famille est donc une réalité naturelle qui se vit dans la longue durée. C'est une union à la fois féconde et stable. Une expression devenue courante résume les caractères essentiels de cette union : amour et fécondité.

L'Église accueille la réalité naturelle de la famille; elle en révèle en outre la dimension propre dans le plan de Dieu. La famille est le lieu par excellence où les époux participent activement à l'amour créateur et sanctificateur de Dieu. La famille n'est pas seulement la cellule de base de la société; elle est une Église en miniature, une *ecclesiola*. Selon l'heureuse expression de Jean Paul II, elle est la « communauté ecclésiale de base[1] ».

Pour ces diverses raisons, l'Église recommande que soit pris en compte le principe de subsidiarité en faveur de la famille. L'autorité politique doit protéger celle-ci et l'aider à réaliser sa double mission : d'une part, assurer le renouvellement des générations, ce qui inclut l'éducation des enfants; d'autre part, respecter l'intimité des conjoints et les aider dans la recherche du bonheur.

Dissocier procréation et union ?

L'histoire et l'anthropologie révèlent aussi que la famille a été *contestée*. La façon habituelle de contester la famille consiste à en *dissocier* ce qu'on appelle traditionnellement *les deux fins* : procréative et unitive, et à *briser* ce qu'on appelle

1. Le Pape Jean Paul II a consacré à la famille un très grand nombre de documents. Parmi ceux-ci figure la célèbre *Lettre aux familles* dont on trouve le texte dans la *Documentation catholique*, n° 2090, 20 mars 1994, pp. 251-277. Le Conseil pontifical pour la Famille a publié un très précieux recueil intitulé *Enchiridion della Famiglia. Documenti magisteriali e pastorali su Famiglia e Vita. 1965-1999*, Bologne, Éd. Dehoniane, 2000. Il serait utile de publier cet instrument de travail dans d'autres langues.

aujourd'hui la connexion entre le « lien conjugal » et le « lien de filiation ». Dans la foulée, ce qui est menacé, ce sont les liens entre générations et les liens de parenté, donc les solidarités familiales.

Platon, par exemple, voulait que la Cité contrôlât strictement le nombre de ses habitants ainsi que l'éducation donnée aux enfants. De leur côté, les épicuriens développaient une morale hédoniste, c'est-à-dire exaltant le plaisir individuel. De part et d'autre, il y a séparation des deux fins traditionnelles du mariage et de la famille. Pour Platon, seule importe vraiment la production des enfants; pour les épicuriens, le plaisir.

Plus près de nous, la famille a été contestée par exemple par Léon Blum dans son ouvrage traitant *Du mariage* (1907), large apologie de l'amour libre. Les régimes totalitaires du XXe siècle ont également voulu faire échec à la famille. Dès le début de la Révolution soviétique est lancée une législation visant à la destruction de la famille. Puis, le régime soviétique ne parvenant pas à instaurer un collectivisme total, il entreprend de subordonner la famille aux intérêts de l'État tels que les définit le Parti, et dispose que les conjoints pourront être séparés si l'État le requiert[1]. Le nazisme n'est pas en reste. Ce qui l'intéresse, c'est que la famille produise des enfants de qualité raciale irréprochable, et en nombre suffisant pour les besoins de l'État, de sa production et de ses conquêtes.

Dans les deux cas, la famille est totalement subordonnée aux intérêts de l'État. Ainsi que nous le verrons plus loin, les totalitarismes de tous les temps ont – *dans leur logique* – des raisons de suspecter la famille, de la contester et de la détruire si ce devait être nécessaire à leur cause.

---

1. Voir Joseph M. BOCHENSKI (éd.), *Handbuch des Weltkommunismus*, Fribourg (S.), Éd. Karl Alber, 1958, spécialement pp. 194 s. et 316-318. On se reportera également à Igor CHAFARÉVITCH, *Le phénomène socialiste*, Paris, Éd. du Seuil, 1977, spécialement pp. 224 s. et 278-283.

Sur ce point, le totalitarisme éclairé, objet de notre attention, ne diffère point de ses prédécesseurs. Dans sa logique, avant de *fabriquer* des hommes, il faut détruire la famille.

La famille à l'épreuve de l'État

Tout le monde s'accorde à reconnaître qu'aujourd'hui la famille est en difficulté, même si elle conserve une place essentielle dans le monde[1]. Il suffit de regarder autour de soi pour constater le nombre de foyers détruits. Aucun milieu n'est épargné. L'institution familiale comme telle est même mise radicalement en question. Nous allons examiner quelques-unes des causes de cette crise; ensuite nous en examinerons les conséquences.

Quelques causes

Il faut d'abord mentionner ce qui est le plus évident : les *mesures anti-famille*. On songe ici d'abord à la réduction des aides publiques à la famille, notamment des allocations familiales; aux politiques de logement qui discriminent les familles avec enfants; aux régimes fiscaux qui prévoient parfois des taux d'imposition progressifs selon le nombre d'enfants; à de nouveaux impôts qui ne tiennent pas compte de la capacité contributive de la famille. À part de remarquables exceptions – nous y reviendrons – les économistes ne s'intéressent guère à

1. *Cf.* Gérard-François Dumont, « Les aspects socio-démographiques de la famille dans le monde », dans *Anthropotes* (Rome), 12, juin 1996, pp. 121-132.

la réalité de la famille[1]; ils s'intéressent aux *ménages*, généralement considérés comme unités de logement et de consommation[2].

On est également frappé par le climat général défavorable à la famille. La *chute de la nuptialité* est un des déterminants de la *chute de la fécondité*. Non seulement les couples se marient moins et, s'ils se marient, se marient plus tard[3], mais en outre ils tendent à avoir moins d'enfants. La famille en est directement affectée puisqu'elle se contracte. Cette tendance se reflète dans la diminution rapide du nombre des familles de 3 enfants ou plus. Les familles de 5 enfants ou plus représentaient, en France, 3,66 % des familles en 1968; elles n'en représentaient plus que 0,88 % en 1990[4].

Inversement, les couples mariés *divorcent* et, le cas échéant, se « remarient » avec une facilité déconcertante. Les lois en la matière sont de moins en moins dissuasives. D'où ce qu'on appelle la famille « recomposée ».

L'avortement et la contraception précipitent également la crise de la famille en disjoignant les deux finalités de l'union conjugale. L'avortement supprime carrément l'enfant procréé; la contraception chimique bloque l'ouverture à la procréation, inscrite dans l'union des conjoints. La contraception prédispose donc non seulement à la cohabitation et à la chute de la nuptialité, mais aussi à la multiplicité des relations sexuelles pré- et extra-matrimoniales.

---

1. *Cf.* à ce sujet Alfred SAUVY, Gérard-François DUMONT et *alii*, *Démographie politique*, Paris, Éd. Economica, 1982.

2. Jean-Didier LECAILLON, « L'importance sociale et économique de la famille », dans *Familia et Vita* (Rome), I, 2, 1996, pp. 26-34; *cf.* p. 29. Le terme de ménage peut éventuellement s'appliquer à une seule personne ou à une communauté. *Cf.* Gérard-François DUMONT, *Démographie*, Paris, Éd. Dunod, 1992.

3. En France, l'âge moyen des femmes au premier mariage avoisine désormais 28 ans.

4. *Cf.* J.-D. LECAILLON, cité ci-dessus, n. 2.

À cette première rubrique, il faut hélas rattacher la *dévalorisation de la maternité*. Les femmes n'ont guère de vraie liberté de choix[1]. La pression sociale tend à les culpabiliser si elles n'exercent pas une profession rémunérée et si elles ne contribuent pas, par leur travail, aux recettes fiscales, au service des pensions, des mutuelles et autres caisses de chômage. Faisant écho à cette pression rampante, les pouvoirs publics n'honorent ni la maternité, ni la paternité. Cette double omission est préjudiciable à la famille, au sein de laquelle la mère est appelée à jouer un rôle central et irremplaçable, qui n'exclut évidemment pas le rôle également essentiel du père.

Du « désengagement » de l'État à l'exclusion

Excessivement interventionniste dans de multiples domaines, l'État tend à se distancer, voire même à se désintéresser de l'institution familiale. Claude Martin a analysé le « désengagement » juridique de l'État vis-à-vis de l'institution matrimoniale et familiale[2]. Dans ce domaine, l'État tend à ne connaître et à ne reconnaître que des individus. En conséquence, il affaiblit les dispositions juridiques qui, traditionnellement, protégeaient l'institution familiale. Dans le même temps, il fait une place de plus en plus grande aux vouloirs

---

1. C'est ce qu'a montré Gérard-François DUMONT dans *La France ridée*, Paris, Éd. Hachette-Pluriel, 1986, et dans *Pour la liberté familiale*, Paris, PUF, 1986.

2. Ce que nous résumons ici ne rend que partiellement compte de la pénétration des analyses de Claude MARTIN dans *L'après-divorce. Lien familial et vulnérabilité*, Presses universitaires de Rennes, 1997. Voir en particulier pp. 287 s.; pp. 21, 286-288, 296 s., et *passim*. Relevons une convergence certaine entre l'ouvrage de Claude MARTIN et celui de Jacques COMMAILLE, *Misères de la famille. Question d'État*, Paris, Presses de la Fondation des Sciences Politiques, 1996. La famille y est étudiée sous l'aspect d'une « nouvelle question sociale ».

individuels. Entre ces vouloirs individuels s'établissent des consensus dont l'État doit se borner à prendre acte puisqu'ils ne sont pas constitutifs de l'institution familiale. On constate ici que l'évolution du droit et de la jurisprudence contribue à affaiblir l'institution familiale.

Les récents projets qui ont défilé sous les signes de CUCS, de PICS et autres PACS, etc., sont particulièrement révélateurs de ce désengagement vis-à-vis de l'institution matrimoniale. De tels projets montrent que l'État considère ces contrats d'union civile et sociale (CUCS) et autres pactes d'intérêt commun (PIC) comme des contrats privés, laissant aux parties la plus grande liberté de négocier les conditions dudit contrat, de faire ou de défaire le consensus. Hélas, de tels contrats débilitent l'institution qu'ils singent en réduisant le mariage à un *contrat privé* entre individus, toujours disposés à renégocier les conditions de leur cohabitation, toujours prêts à rompre leur consensus, bref à un contrat qui n'est pas créateur d'une réalité sociale nouvelle, la famille. Tel est l'un des problèmes majeurs posé par le pacte civil de solidarité (PACS) adopté en France en 1999.

Paradoxalement, le désengagement de l'État vis-à-vis de l'institution familiale a amené ce même État à intervenir davantage dans les questions familiales causées par la désaffection vis-à-vis de cette institution. En effet, comme l'a aussi montré Claude Martin, la précarité familiale augmente le risque d'exclusion. Les séparations et les divorces sont cause d'appauvrissement, mais tous les foyers monoparentaux issus de ces séparations ne sont pas également vulnérables. Les plus menacés par l'exclusion sont ceux qui sont les moins bien préparés, qui ne peuvent compter sur l'aide de leurs proches ni sur celle d'un réseau de relations[1].

1. À ce propos, Claude Martin fait judicieusement remarquer que ces variations au niveau de la protection sociale peuvent renforcer les inégalités

L'État est ici pris à son propre piège. En un premier temps, voulant laisser libre cours à la liberté individuelle, il se met en retrait par rapport à l'institution familiale ; au niveau juridique, ce retrait se traduit par une « déprotection » de l'institution familiale. Toutefois, ce faisant, l'État crée de nouveaux risques de désinsertion, de marginalisation – ce qui l'incite à développer l'assistanat. L'État doit en effet intervenir pour remédier aux malheurs qu'il a lui-même induits en créant des risques d'exclusion, qui résultent de sa propre désaffection vis-à-vis de l'institution familiale. Nous voici dans un *perpetuum mobile* qui n'a rien de musical.

Il va de soi qu'à la liste déjà longue des risques liés à la précarité familiale viendra s'ajouter une litanie bien plus désolante encore des risques liés à la fragilité des « unions sociales », et aux retombées étiologiques de celles-ci.

Aussi bien, à la différence de la plupart des investissements publics, dont on attend un *return* bénéfique pour les citoyens et pour la société, les investissements en faveur des « libertés individuelles nouvellement conquises » ont un *return* maléfique connu d'avance et même voulu, puisqu'il est scientifiquement établi que ces investissements de second type ne résolvent aucun problème, et qu'au contraire ils en créent.

Flash sur les « fragilités nouvelles »

Dans son discours du 15 juin 2000, où il annonçait vouloir donner un nouvel élan à la politique familiale, M. Lionel Jospin avait explicitement en vue *les* familles, dont il s'agit « d'épouser les évolutions ». Parmi les mesures préconisées

---

(*cf. op. cit.*, pp. 290-292). D'où la nécessité de mesures correctrices, difficiles à définir, il est vrai.

apparaissent la réforme des modes de garde et celle des horaires de garderie. Après l'accouchement, les mères pourront recevoir une prime de reprise d'emploi. Autant de mesures qui favorisent évidemment un distancement entre l'enfant et sa mère. Certaines allocations seront modulées selon les revenus du ménage, ce qui révèle une légère confusion entre politique familiale et politique fiscale. Les crédits en faveur du logement varieront selon des critères semblables[1].

À partir du moment où la famille traditionnelle est considérée comme *un* type de ménage parmi d'autres, les programmes de politique familiale tendent immanquablement à être annexés par les programmes de politique sociale. Et sous ce rapport, toutes les prévisions budgétaires vont devoir être revues à la hausse. En effet, M. Jospin s'est félicité des « libertés conquises », mais on peut se demander s'il prend assez en compte le lien *causal*, pourtant indiscutable, entre ces « libertés conquises » et ce qu'il appelle euphémiquement les « fragilités nouvelles » engendrées par ces mêmes libertés.

Enfin, ces dispositions budgétaires incontournables vont rapidement engendrer des effets pervers allant à contresens de ce qu'on attend d'une politique familiale authentique. Ces mesures budgétaires accentueront les causes, déjà nombreuses, qui conduisent la France à un déclin démographique sans précédent[2].

---

1. Voir à ce sujet l'article d'Isabelle MANDRAUD, dans *Le Monde* du 16 juin 2000.

2. *Cf.* à ce sujet notre ouvrage *Le crash démographique*, spécialement pp. 26 s. et *passim*. Selon l'INED, l'indice de fécondité (*cf.* p. 112, n. 2) se situait, en 1999, à hauteur de 1, 77 enfants par femme en âge de fécondité. Ce chiffre est certes révélateur d'une très légère tendance au redressement démographique, mais il ne justifie pas le cocorico du *Monde* daté des 10-11 septembre 2000 : « La France est championne d'Europe de la natalité, derrière l'Irlande » (p. 10).

La famille à l'épreuve de l'ONU

Le piège des soi-disant « nouveaux droits »

Les tendances anti-famille ne se retrouvent pas seulement au niveau de l'État. Les récentes conférences de l'ONU ont mis en question le sens traditionnel du mot famille. Ce sens apparaît dans l'article 16 de la *Déclaration universelle des Droits de l'Homme* de 1948. Cet article porte : « La famille est l'élément naturel et fondamental de la société et a droit à la protection de la société et de l'État. » La genèse de cet article ne laisse aucun doute sur la signification que les rédacteurs et les signataires de la Déclaration entendaient donner au mot « famille »[1]. Dans cet article, il est bel et bien question de la famille traditionnelle, monogamique et hétérosexuelle. C'est ce que confirme l'exégèse des autres articles de la Déclaration, où il est aussi question de la famille[2].

Or, surtout depuis la Conférence de Pékin (1995), l'ONU s'ingénie à employer le mot famille pour désigner toute sorte d'unions consensuelles : unions homosexuelles, lesbiennes, « familles » recomposées, « familles » monoparentales masculine ou féminine, en attendant les unions incestueuses ou pédophiliques. De multiples réunions organisées depuis 1995 par l'ONU et ses agences (dont le FNUAP, l'OMS, la Banque mondiale, le PNUD, etc.) révèlent le rôle néfaste que

1. L'ouvrage de référence à ce sujet est dû à Albert Verdoodt, *Naissance et signification de la Déclaration universelle des Droits de l'Homme*, Louvain, Éd. Nauwelaerts, 1963, pp. 161-170. On se reportera également à Philippe de La Chapelle, *La Déclaration universelle des Droits de l'Homme et le Catholicisme*, Paris, LGDJ, 1967, pp. 136-142.

2. Voir les articles 12, 23, 25, 26.

jouent cette organisation et ses ONG satellites à propos de la famille[1].

Ce rôle est joué à partir d'un *détournement* du sens du mot famille. Ce mot est désormais équivoque; ses significations fluctuent au gré des intérêts en cause. Selon le jargon reçu, le mot famille est un concept « polysémique », qui renvoie à des réalités « polymorphes ».

Ces multiples significations que l'on décide d'attribuer au mot famille sont la conséquence directe de la nouvelle conception des droits de l'homme que nous avons examinée plus haut[2]. Par l'individualisme qui imprègne les soi-disant « nouveaux droits de l'homme », l'ONU piège l'institution familiale traditionnelle. Cette dernière est en effet le lieu où des personnes s'engagent à construire ensemble une communauté nouvelle ouverte à la vie. La famille est lieu de solidarité, d'interdépendance consentie, de fidélité. Il va de soi que lorsque l'ONU, sous couvert d'« orientation sexuelle », plaide pour que, par exemple, un couple d'homosexuels bénéficie de l'appellation « famille », elle prend acte des vouloirs individuels des membres du couple. Mais ces membres n'appellent nullement à l'existence une réalité sociale nouvelle; ils n'instituent pas une famille; ils n'ont aucune capacité, eux, de transmettre la vie. Ils s'accordent sur un pacte issu d'un consensus par définition toujours conditionnel. La répudiation est toujours offerte comme possibilité.

---

1. L'OMS, par exemple, donne sa caution aux « nouveaux droits » en publiant des ouvrages comme celui de Rebecca J. Cook, *La santé des femmes et les droits de l'individu*, Genève, OMS, 1995. Mrs. Cook a également édité un volume collectif, *Derechos humanos de la mujer. Perspectivas nacionales e internacionales*, Bogotá, Éd. Profamilia, 1997. Les thèses féministes radicales de Mrs. Cook sont également accueillies dans d'autres agences. Voir par exemple l'*État de la Population mondiale, 1997*, publié à New York par le FNUAP.

2. *Cf.* en particulier p. 138.

Par là, l'ONU apporte sa caution aux États qui ont déjà entrepris d'exténuer l'institution familiale en flattant la liberté débridée des individus. Dans la foulée, l'ONU, précarisant le lien familial, contribue à renforcer les risques d'exclusion déjà multipliés par l'État[1].

Une culture anti-famille

Divulguée également par l'ONU et ses agences, *l'idéologie du « gender »* vise également à détruire la famille[2]. Cette idéologie a deux sources principales : le marxisme et le structuralisme. Ainsi qu'on s'en apercevra, cette idéologie a subi en outre des influences multiples. Bornons-nous à mentionner ici celle de Wilhelm Reich : rejet de toute discipline sexuelle; et celle d'Herbert Marcuse : rejet de tous les pouvoirs.

L'idéologie du « gender » reprend l'interprétation que donne Friedrich Engels de la lutte des classes. On sait que, selon Marx, la lutte des classes était, par excellence, la lutte opposant le capitaliste et le prolétaire. Pour Engels, cette lutte est d'abord celle qui oppose l'homme et la femme. La famille monogamique et hétérosexuelle est le lieu par excellence où la femme est exploitée et opprimée par l'homme. La libération de la femme passe donc par la destruction de la famille. Une fois « libérée », la femme pourra occuper sa place dans la société de production.

Toutefois, s'inspirant aussi du structuralisme, l'idéologie du « gender » considère en outre que chaque culture produit ses règles de conduite. La culture traditionnelle doit être dépassée

1. Voir ci-dessus, pp. 197-199.

2. Nous conservons le mot anglais « gender », dont la traduction française serait « genre ». Le sens donné à ce mot anglais apparaît dans l'explication donnée ici. Nous avons examiné cette idéologie en détail dans *L'Évangile face au désordre mondial*, Paris, Éd. Fayard, 1997, pp. 35-49.

– assure-t-on – « car elle opprime la femme ». Les femmes doivent prendre la tête d'une nouvelle révolution culturelle, et celle-ci fournira de nouvelles règles de conduite. Cette nouvelle culture considère que les différences de rôles entre les sexes n'ont aucun fondement *naturel*; elles sont apparues à une certaine époque de l'histoire et le moment est venu qu'elles disparaissent, car cet épisode de l'odyssée humaine est révolu.

En réalité – assurent les idéologues du « gender » – les différences de rôles entre l'homme et la femme sont purement *culturelles* : elles sont même le produit d'une culture en voie d'extinction. La nouvelle culture devra abolir toutes les distinctions, relents anachroniques de l'âge de « l'oppression de la femme par l'homme » et des inégalités entre eux. Dès lors, cette nouvelle culture, que l'idéologie du « gender » appelle de ses vœux, exige la destruction de la famille à laquelle ils accolent l'adjectif « traditionnelle »; celle-ci serait en effet basée sur la culture « déclassée ». Selon cette culture prétendument déclassée, l'homme et la femme ont des rôles *naturellement* différents dans la transmission de la vie. La famille est la conséquence *naturelle* du comportement hétérosexuel de l'homme et de la femme.

La nouvelle culture, quant à elle, nie toute importance à la différenciation génitale de l'homme et de la femme. Comme cette différenciation est déclarée dépourvue de toute importance, les rôles de l'homme et de la femme sont strictement interchangeables. Il s'ensuit que l'hétérosexualité, telle qu'elle s'exprimait traditionnellement dans la famille, est privée du statut privilégié dont elle jouissait dans la culture traditionnelle, déclarée obsolète. Puisque les rôles liés aux différences génitales sont condamnés, des mots comme mariage, maternité ou paternité n'ont plus aucune importance. Signe remarquable de l'emprise de cette idéologie : le mot maternité a pratiquement été balayé du document final de la Conférence de Pékin (1995).

L'hétérosexualité en est ainsi réduite à être *un* cas de pratique sexuelle à côté de divers autres cas et sur le même pied que ceux-ci : homosexualité, lesbianisme, unions consensuelles diverses qui peuvent être dénoncées à la demande, etc. Les règles de conduite de la culture dite ancienne *doivent* être abolies. Le droit au plaisir sexuel individuel doit être proclamé. Il ne doit être assorti d'aucune contrainte, d'aucune limitation, d'aucun devoir. Il ne peut s'accompagner d'aucune responsabilité vis-à-vis d'autrui. Il doit être à l'abri de toute « répression » : celle-ci ne pourrait être qu'une survivance des codes de conduite périmés.

L'influence de l'idéologie du « gender » ne saurait être surestimée et nous l'avons déjà relevée à propos des « nouveaux droits de l'homme[1] ». Avec elle, la famille est non seulement l'objet d'une contestation radicale mais d'une volonté déclarée de destruction. En elle se conjuguent les ferments pervers du fatalisme violent qu'on trouve dans le marxisme et dans l'individualisme absolu du néolibéralisme. Cette idéologie a été adoptée par la plupart des agences de l'ONU et par d'innombrables ONG. Grâce à ces complicités, elle étend ses ramifications partout.

Deux exemples mettront en évidence le caractère pervers de cette idéologie. Le premier concerne l'avortement. Dans le cadre de la culture que les idéologues du « gender » considèrent comme dépassée, les discussions portaient sur la dépénalisation et/ou la libéralisation de l'avortement[2]. Ces deux vocables suggéraient l'idée d'un « permis légal » mais non d'un droit[3]. Dans le cadre de la culture nouvelle – celle qui s'inspire de l'idéologie du « gender » – l'avortement apparaît explicitement comme un « nouveau droit de l'homme » ; de même pour l'homosexualité.

---

1. Voir pp. 88 s.
2. Sur la différence entre ces deux notions, voir notre ouvrage *Bioéthique et Population*, Paris, Éd. Le Sarment-Fayard, qu. 50.
3. En anglais, on distingue *release* (dispense, permis) et *right* (droit).

Pour résumer et pour conclure, constatons que l'idéologie du « gender » est désastreuse pour la famille parce qu'elle entend propulser de « nouveaux droits de l'homme ». Ceux-ci en seraient réduits à n'être, en fin de compte, que l'expression de revendications individuelles les plus aberrantes. On voit par là que l'idéologie ne se borne pas à mettre en péril la famille traditionnelle ; si elle devait poursuivre ses ravages, elle détruirait tout le tissu social. La sociabilité naturelle de l'homme serait prise en relais par une régression vers une culture de la violence et de la barbarie.

CHAPITRE XVII

La famille : un gisement de valeurs

Lorsqu'on étudie la famille, on a souvent tendance à considérer qu'il s'agit d'une réalité privée, impliquant le père, la mère, les enfants. Que pour chacun des membres de cette cellule, la famille soit un bien, comment pourrait-on en douter ? Cependant, si la famille est un bien pour ses membres, elle est en outre un bien, et même un grand bien, pour la société. *La qualité de la famille a un impact direct sur la qualité de la société.* Voilà ce qui résulte de trois types d'études, que les technocrates de l'ONU et les gourous des ONG gagneraient à prendre en compte.

LA PLUS PETITE DÉMOCRATIE

L'apport de la famille à la *société politique* mérite d'être mentionné en premier. Cet apport ressort de façon particulièrement nette des études récentes sur le totalitarisme. De ces études, il ressort que l'essence du totalitarisme consiste dans la volonté de détruire le *moi* dans ses deux dimensions : physique et surtout psychologique[1]. Ces mêmes études montrent que c'est dans la famille que se forment des personnalités fortes, libres, autonomes, capables de jugement personnel. Ces personnes-là sont capables de *résister* aux techniques aliénantes, à la colonisation idéologique.

Contrôler l'affectivité

Ceci est confirmé par l'observation directe. Peu de temps après l'implosion du régime soviétique, l'Académie des sciences sociales de Moscou a organisé un séminaire sur l'enseignement social chrétien. Cette académie était en fait une université où se formaient les cadres supérieurs de l'appareil syndical soviétique. Comme le contact avec les auditeurs était excellent et empreint de grande confiance, les discussions ont vite porté sur des questions essentielles. Il était frappant, par exemple, qu'après soixante-dix ans de totalitarisme, beaucoup d'anciens *apparatchiks* avaient conservé à la fine pointe de leur âme une lueur de foi. Ils avaient aussi préservé une réelle liberté intérieure face à la machine dont ils étaient à la fois victimes et serviteurs. Comment expliquer cette résistance ? La réponse unanime à cette question fut donnée immédiatement : « Si nous avons conservé un minimum de dignité, de foi et de liberté, nous le devons à notre grand-mère. »

Le rôle joué par la famille dans la société politique est confirmé *a contrario* par l'obstination à détruire la famille que

---

1. Voir par exemple Jean-Jacques WALTER, *Les machines totalitaires*, Paris, Éd. Denoël, 1982; Claude POLIN, *Le totalitarisme*, Paris, PUF, 1982; Igor CHAFARÉVITCH, *Le phénomène socialiste*, cité ci-dessus.

manifestent tous les régimes totalitaires. Ceux-ci veulent d'abord tarir les sources de l'affectivité; ils veulent laminer les relations entre les parents et leurs enfants. Les enfants sont confiés à l'État et à ses délégués. La relation *affectueuse* entre les parents et les enfants est en effet essentielle dans l'édification d'une personnalité. Des projets visant à priver les parents de leur responsabilité vis-à-vis de leurs enfants s'affichent de plus en plus ouvertement dans les réunions internationales. C'est le cas, en particulier, en ce qui concerne l'éducation sexuelle. À la racine de ces projets, il y a la volonté totalitaire de déprogrammer-reprogrammer le *moi* des enfants. Tout en se mettant en place, un régime totalitaire doit s'arranger pour briser la résistance de ceux qui pourraient le contester.

Ce contrôle de l'affectivité s'étend aux relations *entre les époux*. Le mari et la femme doivent avant tout être au service de la Cause totalitaire. Ils sont de simples rouages dans la machine. Ils doivent donc être disposés, dans les totalitarismes classiques, à rester séparés pendant des semaines et des mois si l'exigent les intérêts de la Cause. Avec le totalitarisme éclairé de l'ONU, le contrôle va plus loin encore puisqu'il porte sur la sexualité, ou plus précisément sur un aspect essentiel de la sexualité, à savoir la reproduction. Comme tous les totalitarismes, celui de l'ONU comporte une utopie démographique : il rêve de contrôler le nombre et la « qualité » des hommes et des femmes. C'est la guerre anticipée : on n'attend pas que les hommes soient adultes pour les tuer; on les tue dans le sein de leur mère ou on les empêche de naître.

Lorsqu'on sait la place qu'occupent l'affectivité et la sexualité dans la genèse et la structure de la personnalité, on ne s'étonnera pas de voir que les machines totalitaires s'appliquent toujours à détruire ces facteurs constitutifs du moi. Au premier rang des machines actuelles figurent le FNUAP et son allonyme l'IPPF, qui rêvent de – et parfois parviennent à – s'ériger en police démographique mondiale.

De la fraternité à la solidarité

Il ressort de cela que la famille mérite d'être protégée et soutenue parce qu'elle est le lieu où se forme le tissu de la société politique. Elle n'est pas simplement la cellule de base de la société politique en général; elle est la cellule indispensable à toute société politique *démocratique*. C'est dans la famille que l'homme et la femme apprennent à s'accueillir dans leurs différences, à reconnaître qu'ils sont égaux en dignité, à s'ouvrir aux *autres*[1]. C'est à partir de la famille que la fraternité s'épanouit en solidarité. L'interdépendance qu'acceptent les conjoints au point de départ de leur union s'épanouit en effet en solidarité entre les parents et les enfants, entre les différentes générations, et donne lieu à divers degrés de *parenté*. Elle s'épanouit également en cercles concentriques en dehors du milieu familial pour constituer des corps intermédiaires.

La raison profonde pour laquelle la famille est essentielle à la qualité de la société politique se trouve dans la *subsidiarité*. L'institution familiale, la réalité sociale originale constituée par la famille, est le premier lieu de la subsidiarité. C'est l'institution familiale, et non pas l'école ni encore moins l'État, qui, primordialement, aide les membres de la famille à accéder à la plénitude de leur personnalité. Cela est déjà vrai des conjoints, premiers bénéficiaires de ce surcroît d'être que leur apporte l'institution qu'ils ont eux-mêmes fondée. La subsidiarité joue encore pleinement en faveur des enfants puisque toute l'éducation qu'ils reçoivent dans la famille est le fruit des interactions qui s'exercent dans la réalité *sui generis* qu'est précisément la famille[2].

---

1. C'est ce qu'analyse François DE SINGLY dans *Le soi, le couple et la famille*, Paris, Éd. Nathan, 1996.

2. Jean-Loup DHERSE et Hugues MINGUET réservent quelques pages substantielles à la famille dans l'ouvrage consacré aux relations entre le bien commun et la personne dans le cadre du désordre mondial actuel. Voir *L'Éthique*

Tous ces bénéfices procurés par la famille ont leur retentissement dans la société civile. Celle-ci est bénéficiaire de l'action familiale à un double titre. C'est la famille qui, par la transmission de la vie, assure la *durée* de la société civile. Mais la vie ainsi transmise ne se borne point à la vie physique puisque la famille est le sol où s'enracine toute l'éducation d'un être humain.

Une réalité naturelle qui persiste à s'affirmer

Si la science politique met en lumière l'importance de la famille, la sociologie n'est pas en reste. Curieusement, c'est en partant de l'étude des difficultés de la famille que la sociologie confirme la réalité naturelle de celle-ci. C'est ce qui ressort en particulier des analyses récentes de deux spécialistes faisant autorité en la matière.

Gérard-François Dumont constate qu'en définitive il est étonnant d'enregistrer encore autant de mariages et de naissances dans des sociétés européennes où l'environnement juridique, médiatique, éducatif, fiscal, etc. est défavorable à la famille. C'est bien la preuve de l'existence et de la vitalité d'une réalité naturelle qui parvient à s'affirmer en dépit d'un contexte très largement défavorable[1].

Une autre analyse est due à Claude Martin, auquel nous avons déjà recouru. Paradoxalement, cet auteur met en relief la réalité naturelle de la famille à partir d'une analyse du divorce. Nous allons évoquer brièvement cette démarche.

---

ou le Chaos ?, Paris, Éd. Presses de la Renaissance, 1998. Sur la famille, voir surtout les pp. 318-327.

1. *Cf.* Gérard-François Dumont, « La sociologie de la famille dans l'Union européenne », dans *Éthique* (Paris), 21, 1996, pp. 59-75.

Le coût social du divorce est sans doute délicat à calculer ; en revanche, il n'est pas difficile d'en relever quelques caractéristiques évidentes. *Divorcer coûte cher*, par exemple en déplacements, en logements, en pensions alimentaires, etc. Ces dépenses sont évitées ou n'ont pas la même ampleur dans les familles unies. Constatation confortée en partie par une étude de Lucile Olier[1]. Les familles unies disposent de plus de ressources qui peuvent être appliquées dans l'épargne ainsi que dans l'aménagement du foyer, dans la culture et surtout dans la santé et l'éducation des enfants.

Par ailleurs, la famille est un rempart contre la marginalisation et l'exclusion. On s'en rend déjà compte en observant les sociétés où les politiques sociales, entendues au sens large, fonctionnent mal ou sont inexistantes. Là où sont déficientes les caisses de chômage, les mutuelles de santé, les pensions de vieillesse, etc., la famille est un lieu naturel de solidarité. Jeunes ou vieux, handicapés ou malades, les plus faibles et les plus vulnérables sont protégés par l'environnement familial. Cette situation peut s'observer aujourd'hui dans les milieux les plus défavorisés des pays riches où certains acquis de l'État-Providence sont mis en question sous la double pression de la chute de la fécondité et d'un néolibéralisme impitoyable. Mais c'est ce qui s'observe encore davantage dans les pays du tiers-monde, où la solidarité familiale protège ceux que la société ignore, leur permettant de vivre dans une dignité reconnue au moins par tous les membres du foyer. Il est fréquent, par exemple, que les membres d'une famille se regroupent en une maisonnée. Les parents âgés y sont recueillis et rendent bien des services ; réciproquement, ils font l'objet de la sollicitude des membres des générations plus jeunes.

---

1. Dans une étude menée pour l'INSEE et publiée en 1998, Lucile OLIER montre « les avantages matériels de la vie à deux ». Voir *Le Monde* du 27 janvier 1998.

Claude Martin ne se borne pas à analyser *l'après-divorce*[1]. Il tire de son enquête des enseignements précieux qui valent la peine d'être présentés. Claude Martin constate que la famille est perçue comme une richesse, comme un « capital social » (p. 22), comme une protection rapprochée (p. 23), comme un lieu de solidarité, voire même « un lieu de survie » (p. 289), alors que l'État-Providence est défaillant. Car, par un effet de boomerang, l'État échoue à maîtriser une marginalisation dont il accroît lui-même les risques en décimant l'institution familiale. Or, la famille est capable de résoudre des problèmes sociaux que l'État maîtrise de moins en moins : marginalisation, « désaffiliation », « désinsertion », exclusion, etc.

Les conclusions des études que nous venons d'évoquer sont curieusement corroborées par celles du Comité français d'éducation pour la santé. Le 24 novembre 1998, ce comité a rendu public un *Baromètre santé-jeunes*. Deux des constats de ce Baromètre confirment le rôle essentiel de la famille. Le rapport met d'abord en relief la fragilisation des enfants issus de familles monoparentales ou recomposées. Il montre aussi l'impact, favorable ou défavorable, des situations familiales sur la santé des jeunes[2]. Cette dernière constatation est même confirmée par l'endocrinologie. Le Dr David Benchetrit a récemment relevé que « les enfants concernés [par l'obésité] sont souvent seuls, sans frère ni sœur, issus de cellules familiales éclatées. Ils trouvent une maison vide quand ils rentrent de l'école et mangent seuls le soir. [...] Pour se déculpabiliser de rentrer tard, [les parents] laissent des friandises dans le frigo et incitent ainsi leur progéniture à manger[3]. »

---

1. *Cf. supra*, pp. 196-198.
2. *Cf.* à ce sujet le *Baromètre santé-jeunes. 1997-1998*, Vanves, CFES, 1998; voir *Le Monde* du 25 novembre 1998, p. 12. Le même quotidien, daté du 30 novembre 1998, présentait « Une vaste action de "reparentalisation" entreprise à Dieppe ».
3. David BENCHETRIT, interview dans *Le Monde* du 21 juin 2000.

Enfin, psychiatres, éducateurs, juristes sont unanimes à reconnaître qu'un environnement familial délabré ou inexistant favorise la violence, l'usage de la drogue, l'alcoolisme. Les coûts sociaux de la délinquance et de la criminalité ont une de leurs sources principales dans les difficultés que connaissent les familles. Il va donc de soi que la prévention de la délinquance et de la criminalité passe par la protection et la promotion de la famille par l'État.

La leçon qui s'impose au terme de ces constats est péremptoire. Comme les créateurs français du mariage républicain l'avaient fort bien perçu, l'État doit promouvoir et protéger l'*institution* familiale. C'est son intérêt, puisqu'il se révèle totalement incapable de rivaliser avec le rôle *providentiel* que peut exercer l'institution familiale; l'État n'a notamment pas à se substituer à chaque instant au rôle essentiel des parents. C'est aussi son devoir, puisqu'à force de demander au droit de célébrer de « nouveaux droits » individuels au détriment de l'institution familiale, on ne peut aboutir qu'à une société antisolidaire, où triomphent l'anarchie, l'individualisme et l'exclusion. C'est donc avec pertinence que Claude Martin pose la question : « Sommes-nous à l'aube d'un nouveau familiarisme ? » (p. 289).

La famille et le capital humain

S'il est vrai que trop d'économistes ne connaissent que la notion de ménage, quelques-uns, parmi les plus brillants, ont consacré à la famille des études qui corroborent les conclusions auxquelles nous ont conduits la contribution de la science politique et de la sociologie.

Aux États-Unis, le rénovateur de ces études économiques sur la famille est Gary Becker, chef de file actuel de l'École de Chicago et prix Nobel d'économie en 1992. En France, deux noms, parmi d'autres, se détachent : Gérard-François Dumont, pionnier en la matière, et Jean-Didier Lecaillon[1]. Par des recherches indépendantes et des méthodes différentes, ces trois économistes, qui sont aussi démographes, arrivent à des conclusions étonnamment convergentes.

Il faut tout d'abord constater que Gary Becker a montré – ce que Claude Martin confirme par d'autres voies – que la crise de la famille est une des causes principales des inégalités dans notre société. Mais, beaucoup plus positivement, il faut souligner que le célèbre économiste a reçu le prix Nobel parce qu'il a démontré, avec toutes les ressources de la discipline scientifique la plus « pointue », la corrélation entre le rôle de la famille et la formation du capital humain[2]. Comme beaucoup, Gary Becker a constaté que l'activité parentale n'était pas prise en compte dans les comptabilités nationales. Il a donc commencé à la *mesurer*, à la calculer de façon précise. Il a

---

1. Voir l'ouvrage fondamental de Gary S. BECKER, *A Treatise on the Family*, Cambridge, Massachusetts, Harvard University Press, enlarged edition, 1994; voir aussi, du même auteur, « Human Capital and Poverty », dans *Familia et Vita* (Rome), I, 2, 1996, pp. 19-25. Les conclusions de Gary S. BECKER sont confortées par celle de Julian L. SIMON, « nobélisable » décédé prématurément. Disponible en français est son ouvrage *L'homme, notre dernière chance*, Paris, PUF, 1985. Par des méthodes différentes, c'est à des conclusions analogues qu'arrivent, en France, des chercheurs comme Gérard-François DUMONT, notamment dans *Le monde et les hommes*, Paris, Éd. Litec, 1995; voir aussi, du même spécialiste, « L'economia, il bene commune e la famiglia », dans *La Società* (Vérone), 7, 1, 1997, pp. 221-239. *Cf.* aussi Jean-Didier LECAILLON, dans *La Famille, source de prospérité*, Paris, Éd. Régnier, 1995.

2. Le rôle de la « famille éducatrice » a été étudié précédemment par des auteurs comme Y. Stoetzel et A. Girard. Ce rôle éducatif de la famille était déjà souligné dans la Rome antique.

mesuré le coût du divorce (pp. 324-341), analysé le rôle de l'État (pp. 362-379), calculé le prix et le coût de l'enfant, etc. Il est surtout arrivé à une conclusion majeure : *la famille est le lieu primordial où se forme le capital humain.* Or, a-t-il démontré, le capital humain représente aujourd'hui plus de 80 % de la richesse d'une nation moderne – le capital physique (installations industrielles, ressources naturelles) représentant à peine 20 %.

Sans doute, la prospérité des peuples dépend-elle aussi d'autres déterminants. On ne saurait oublier le rôle du système de gouvernement, sa compétence, son honnêteté, etc., ni le rôle du système économique, libéral, ouvert au marché, ou bien planifié, dirigiste, etc.

Toutefois, de tous les déterminants, le plus important est la famille. C'est là que l'enfant est d'abord éveillé aux qualités humaines qui seront plus tard hautement appréciées dans la société en général, économique et politique en particulier : sens de l'initiative, de la ponctualité, de l'ordre, de la solidarité, etc.

Cette conclusion trouve d'ailleurs une confirmation dans l'enquête menée par Michel Duyme. Celui-ci a constaté que « des enfants adoptés, alors qu'ils avaient entre 4 et 6 ans, par des familles de niveau socio-économique plus élevé que celui de leur milieu d'origine, ont un quotient intellectuel nettement augmenté[1]. » Ce qui confirme l'influence – bonne ou moins bonne selon le cas – du milieu familial sur l'éducation de l'enfant et la formation de la personnalité.

Gary Becker a en outre eu la curiosité de mesurer l'apport de la *mère de famille* à la formation du capital humain. C'est souvent elle qui contribue le plus à nourrir, soigner, éduquer, instruire ses enfants; elle cuisine, lessive, coud, nettoie; elle réconcilie, enseigne à épargner et à économiser, aide dans les études, initie au beau, sensibilise au bien, oriente les loisirs.

1. Voir *Le Monde* des 1er et 2 août 1999, et l'interview de Michel Duyme par Jean-Yves Nau, *ibid.*

Becker a ainsi calculé qu'au moins 30 % du Produit interne brut (PIB) d'une nation provenait du travail de la mère – contribution totalement négligée et ignorée dans les comptabilités nationales[1].

Il ressort de ces études que ce bien qu'est la famille, dans et pour la société d'aujourd'hui, a une importance toujours fondamentale, et cela malgré l'existence des systèmes de sécurité sociale.

Le devoir et l'intérêt de l'État

Au terme de cette revue, on ne peut qu'être frappé par le fait que les études politiques, sociologiques et économiques que nous avons examinées convergent vers un ensemble de conclusions.

Protéger la famille

La principale d'entre elles, c'est que les États doivent *protéger la famille* contre les programmes de caractère totalitaire que l'ONU veut imposer et dont l'objectif est la destruction de l'institution familiale. En outre, les pouvoirs publics doivent réviser les législations nationales qui anémient l'institution familiale. Il est urgent de revoir les lois qui, s'inspirant

1. Il serait utile – et équitable ! – de compléter ce type d'enquête par une étude consacrée à l'apport du père dans la formation de ses enfants et donc du capital humain. On trouvera des suggestions à ce sujet dans l'ouvrage de Philippe Julien, *Le Manteau de Noé. Essai sur la paternité*, Paris, Éd. Desclée de Brouwer, 1991.

de « nouveaux droits de l'homme » conçus de façon hyper-individualiste, risquent de ruiner l'institution familiale.

Cette révision doit d'abord comporter l'élimination d'injustices flagrantes. Au premier rang de celles-ci, figurent des injustices fiscales qui pénalisent l'institution familiale. Il y a aussi « le détournement organisé d'une grande partie de la richesse créée par les familles au profit de ceux qui n'en supportent pas la charge[1] ». Et l'économiste parisien ajoute : « L'essentiel de la charge de formation du capital humain [...] est supporté par les familles (60 % en moyenne) tandis que les parents n'obtiendront, sous forme de droits à la retraite, qu'une très faible part des ressources que leurs enfants contribueront à créer en utilisant la formation qu'ils auront reçue[2]. »

Porter remède à de telles injustices ne suffit cependant pas. Comme y insiste fréquemment Gérard-François Dumont, il faut que les pouvoirs publics reconnaissent l'activité parentale et son apport *à la société*. Cette reconnaissance doit notamment aboutir à l'élaboration d'un *statut parental*, car, rendant service à leurs enfants, les parents rendent service à la société. En outre, des études relatives aux États-Unis, auxquelles se réfère Gary Becker[3], montrent que les écoles catholiques sont souvent plus performantes que les autres. La raison de cette meilleure performance est double : dans les familles catholiques les parents font pression sur leurs enfants et ils font aussi pression sur les écoles fréquentées par leurs enfants.

La moindre des choses serait que l'État offre aux femmes les conditions d'un choix vraiment libre entre l'engagement à temps plein au service de la famille et l'engagement professionnel intégral ou partiel. De même, il serait élémentaire que l'État

1. *Cf.* J.-D. LECAILLON, « Le rôle économique de la famille », p. 30.
2. J.-D. LECAILLON, *op. cit.*, p. 31.
3. *Cf.* « Human Capital and Poverty », p. 23.

offre aux parents la possibilité de choisir librement l'école que fréquentent leurs enfants. Non qu'il s'agisse seulement de respecter une option « privée » des parents; il s'agit aussi de correspondre aux intérêts de la société.

Une valeur d'avenir

S'il est nécessaire d'examiner les mises en question dont la famille fait l'objet, il est surtout indispensable de prendre connaissance des études qui montrent son importance universelle. Ces études valorisent fortement l'institution familiale; elles ne sont nullement fondées sur un *regard nostalgique* qui serait porté sur la famille telle qu'on imagine qu'elle était dans les sociétés rurales. Cette valorisation provient au contraire du fait que la famille est la clé du bien-être et du bonheur dont le bien commun de la société *future* a besoin. Or, avec la baisse de la fécondité, ce qui risque de manquer le plus à cette société, c'est le capital humain, qui se forme d'abord dans la famille. D'où une conclusion aussi simple qu'incontournable : les pouvoirs publics doivent promouvoir la famille non seulement parce qu'elle est un bien pour les membres qui la composent, mais aussi parce qu'elle est un bien pour la communauté politique et économique[1]. Dans le domaine de la politique familiale, le devoir de l'État coïncide avec les intérêts souverains de celui-ci.

---

1. Le célèbre démographe Gérard-François DUMONT développe un programme de politique familiale adapté à la société d'aujourd'hui dans son plaidoyer *Pour la liberté familiale*, Paris, PUF, 1986.

Chapitre XVIII

L'Église, signe de division

Face à la nouvelle interprétation des droits de l'homme propagée par l'ONU, que peut faire l'Église ?

Il est d'abord urgent pour elle de *prendre conscience* de la situation sans précédent à laquelle elle est confrontée et de la richesse du trésor dont elle a le dépôt. *Cette prise de conscience est, jusqu'à présent, dramatiquement insuffisante*. Les droits de l'homme tels qu'ils ont été déclarés dans la tradition humaniste classique doivent à l'Église une impulsion décisive. Cette impulsion jaillit du trésor que l'Église a reçu, qu'elle doit offrir en partage et faire fructifier. Tel un ferment, ce trésor unique a été incorporé au fil des siècles au patrimoine commun de l'humanité. Telle est la raison principale pour laquelle certains voudraient faire triompher de soi-disant « nouveaux droits de l'homme », d'inspiration holistico-individualiste. Mais l'Église ne peut se laisser impressionner par la morgue de quelques agences de l'ONU dont l'action est amplifiée par des ONG. Elle ne peut être médusée par l'arrogance de lobbies anti-vie ou se laisser intimider par l'hostilité déclarée de certaines obédiences maçonniques qui veulent la déstabiliser. L'Église ne peut rester indifférente face à la claire volonté d'en découdre avec elle et de détruire le trésor dont elle a la garde.

La liberté inventive de l'amour

L'impulsion donnée par l'Église à la cause des droits de l'homme se résume à deux mots : *personne et subsidiarité*. Préparée par le droit romain, développée dans un contexte théologique, la notion de personne a rapidement fait l'objet d'une réflexion philosophique et juridique approfondie, qui se poursuit jusqu'aujourd'hui, surtout mais non exclusivement dans les courants personnalistes. Cette conception de la personne, capable de discerner le vrai du faux, le bien du mal, rappelle à l'être humain qu'il est responsable face à des valeurs qui s'imposent à lui mais aussi aux autres. C'est parce qu'ils peuvent partager la même vérité, reconnaître le même bien, souscrire librement aux mêmes références morales fondamentales que les hommes sont capables de dialoguer et de collaborer, et d'éviter la guerre. Ils sont égaux dans la différence, et même dans l'unicité de leur personne.

D'où la centralité du principe de *subsidiarité* : les instances supérieures ne doivent pas se substituer aux corps intermédiaires, ni aux familles, ni aux personnes. Il faut au contraire offrir à chaque personne les meilleures conditions pour que s'épanouisse sa personnalité car, étant unique, chacun a quelque chose d'unique à offrir à la société. C'est ce qui justifie, en dernière analyse, l'« option préférentielle de l'Église pour les pauvres ».

Tel est le noyau central de l'enseignement de l'Église sur les droits de l'homme et la démocratie.

De lui découlent des corollaires : *l'autorité est service*. Elle est une nécessité découlant de la nature sociale et raisonnable de l'homme; elle est service de ceux qui lui ont donné librement procuration, qui l'ont *constituée*. Nul homme n'est fondé à commander si ce n'est en vertu d'une délégation de ceux qui se disposent à obéir librement à des ordres raisonnables. Le pouvoir politique implique donc toujours une relation interpersonnelle de reconnaissance et de réciprocité, relation qui passe, dans la plupart des cas, par des médiations institutionnelles. Il appartient à une instance particulière de rester hors jeu pour pouvoir *juger*, c'est-à-dire pour veiller à la *qualité* de cette relation entre ceux qui délèguent le pouvoir et ceux qui en ont recueilli l'exercice.

L'enseignement de l'Église sur les droits de l'homme et la démocratie comporte donc un double principe de *modération* du pouvoir. D'abord, le pouvoir ne peut être ni immoral, ni même amoral : il est au service de la dignité des hommes. La référence du pouvoir à la morale se concrétise dans le respect et la promotion des droits de l'homme. Ensuite, dans la fidélité au principe de subsidiarité, l'Église suggère que le pouvoir soit *divisé* pour éviter qu'il soit confisqué, dans sa totalité, par un individu ou un groupe particulier.

C'est aussi par sa conception de la *justice générale et du bien commun* que l'Église fortifie la démocratie. Non qu'il soit question d'exiger des hommes qu'ils se soumettent à la Cité, à la Société ou encore au Cosmos. Il s'agit au contraire, pour les gouvernants, de s'efforcer de créer des conditions favorables à l'épanouissement personnel de tous ses membres. Les lois humaines doivent être justes, non d'une justice définie par décret, mais d'une justice venant d'un cœur ouvert à la liberté inventive de l'amour. Dans la mesure où elles sont justes, ces lois contribuent directement à l'édification du bien commun et par là, au bonheur de tous et de chacun.

La théologie de l'histoire va plus loin encore puisqu'elle montre que la société politique est appelée à être signe d'espérance. Nous n'avons certes pas ici-bas de cité permanente et le bonheur d'ici-bas ne peut apaiser totalement notre cœur[1]. Et cependant, l'engagement politique actuel est porteur d'une dimension eschatologique; il est une voie par laquelle nous recherchons la Cité future, celle où le bonheur s'épanouira en béatitude.

Face à l'imposture, le témoignage efficace

La conception des droits de l'homme qui s'exprime dans la Déclaration de 1948 fait actuellement l'objet d'une contestation de plus en plus affichée et très radicale. Avec ses agences multiples et l'appui de certaines ONG, l'ONU est en train d'essayer d'imposer une « nouvelle éthique », de « nouveaux droits » qui *semblent* dilater la liberté chez les individus – entendons la liberté de faire n'importe quoi. Cette « nouvelle éthique » se présente comme tolérante, chacun choisissant sa vérité de l'instant et ses normes éthiques du moment au gré de ses convenances. Moyennant cette tolérance doctrinale, la paix serait – dit-on – assurée entre les hommes.

Mais cette tolérance est inconciliable avec le respect dû à tout homme. Cette tolérance prive les hommes de toute protection contre la violence des individus qui ont choisi une morale de la violence. Dès lors, pour contenir cette escalade, il faut un pouvoir public plus violent encore, qui dispose discrétionnairement non seulement des corps mais aussi des esprits.

L'Église ne peut que s'insurger contre ce néo-totalitarisme. Face à l'impossible « cohésion » que l'ONU s'évertue d'imposer en excipant d'un « consensus » toujours précaire, l'Église doit apparaître, à l'instar du Christ, comme *un signe de division*[2]. Elle ne peut cautionner ni une « unité » ni une « univer-

1. *Cf.* He 13, 14; saint AUGUSTIN, *Confessions*, 1, 1.

2. *Cf.* Lc 2, 33 s.; 21, 12-19; 12, 51-53; Mt 10, 34-36; 23, 31 s.; voir surtout Jn 1; 6; 9; 1 Jn 3, 22-4, 6.

salité » qui seraient suspendues aux vouloirs subjectifs des individus ou imposées par quelque instance publique ou privée. Devant l'émergence d'un nouveau Léviathan, le devoir des chrétiens est de proclamer, comme les Apôtres : « *Non possumus*[1] » : nous ne pouvons rester ni indifférents, ni muets, ni inactifs face à ce qui est en train de se passer.

La « nouvelle éthique » et la conception inversée des droits de l'homme sont les signes annonciateurs d'une *violence sans précédent* dans l'histoire, visant le moi physique et psychologique de chacun, et visant la famille où se forme ce moi. Avec une telle conception de l'homme, de la famille, de la morale, de la société et des droits de l'homme, la démocratie devient totalement impossible.

Il n'est pas sûr que tous les milieux chrétiens fassent preuve de clairvoyance face à l'envahissement de cette conception inversée des droits de l'homme. L'Église se doit donc d'être vigilante; elle doit aussi se préparer à la persécution qui, en fait, a déjà démarré.

L'Église ne saurait toutefois se cantonner dans une posture défensive. L'appel à la Nouvelle Évangélisation est venu à son heure : le sel ne peut s'affadir (*cf.* Mt 5, 13). Attirer l'attention sur les errances de l'ONU est un service urgent que l'Église doit à la communauté humaine. Son courage ne manquera pas d'éveiller d'autres courages. Suite à la métamorphose de l'ONU, l'Église apparaît aujourd'hui, en définitive, comme la seule institution qui soit porteuse d'une conception de l'homme appelant des régimes démocratiques et faisant de l'instauration de tels régimes un devoir moral. Ainsi que cela apparaît dans l'*Apocalypse*, dès ses origines l'Église s'est insurgée, au nom de Dieu et au nom de l'homme, contre l'imposture d'un pouvoir usurpé. Elle doit aujourd'hui proclamer

---

1. Ac 4, 20.

qu'une guerre nouvelle a commencé : *une guerre totale contre l'homme*. Une guerre qui veut d'abord mutiler l'homme pour ensuite le détruire. Une guerre qui veut aliéner l'homme de sa raison et de sa volonté, dans lesquelles s'exprime sa prodigieuse ressemblance avec Dieu. Une guerre insensée où la mort de Dieu aurait pour prix la mort de l'homme.

C'est le privilège et la mission des chrétiens d'être des veilleurs appelés à signaler à tous les hommes les impasses et les pièges, d'indiquer les balises, et surtout de rendre compte de l'espérance dont ils sont à la fois porteurs et témoins[1].

1. *Cf.* 1 P 3, 15.

ANNEXES

Annexe I

Déclaration universelle des Droits de l'Homme de 1948

Préambule

Considérant que la reconnaissance de la dignité inhérente à tous les membres de la famille humaine et de leurs droits égaux et inaliénables constitue le fondement de la liberté, de la justice et de la paix dans le monde,

Considérant que la méconnaissance et le mépris des droits de l'homme ont conduit à des actes de barbarie qui révoltent la conscience de l'humanité et que l'avènement d'un monde où les êtres humains seront libres de parler et de croire, libérés de la terreur et de la misère, a été proclamé comme la plus haute aspiration de l'homme,

Considérant qu'il est essentiel que les Droits de l'Homme soient protégés par un régime de droit pour que l'homme ne soit pas contraint, en suprême recours, à la révolte contre la tyrannie et l'oppression,

Considérant qu'il est essentiel d'encourager le développement de relations amicales entre nations,

Considérant que, dans la Charte, les peuples des Nations Unies ont proclamé à nouveau leur foi dans les Droits fondamentaux de l'Homme, dans la dignité et la valeur de la personne humaine; dans l'égalité des droits des hommes et des femmes, et qu'ils se sont déclarés résolus à favoriser le progrès social et à instaurer de meilleures conditions de vie dans une liberté plus grande,

Considérant que les États membres se sont engagés à assurer, en coopération avec l'Organisation des Nations Unies, le respect universel et effectif des droits de l'homme et des libertés fondamentales,

Considérant qu'une conception commune de ces droits et libertés est de la plus haute importance pour remplir pleinement cet engagement,

L'Assemblée générale proclame

la présente Déclaration universelle des Droits de l'Homme comme l'idéal à atteindre par tous les peuples et toutes les nations afin que tous les individus et tous les organes de la société, ayant cette Déclaration constamment à l'esprit, s'efforcent, par l'enseignement et l'éducation, de développer le respect de ces droits et libertés et d'en assurer par des mesures progressives d'ordre national et international, la reconnaissance et l'application universelles et effectives, tant parmi les populations des États membres eux-mêmes que parmi celles des territoires placés sous leur juridiction.

Article Premier

Tous les êtres humains naissent libres et égaux en dignité et en droits. Ils sont doués de raison et de conscience et doivent agir les uns envers les autres dans un esprit de fraternité.

Article 2

Chacun peut se prévaloir de tous les droits et de toutes les libertés proclamés dans la présente Déclaration, sans distinction aucune, notamment de race, de couleur, de sexe, de langue, de religion, d'opinion politique ou de toute autre opinion, d'origine nationale ou sociale, de fortune, de naissance ou de toute autre situation. De plus, il ne sera fait aucune distinction fondée sur le statut politique, juridique ou international du pays ou du territoire dont une personne est ressortissante, que ce pays ou territoire soit indépendant, sous tutelle, non autonome ou soumis à une limitation quelconque de souveraineté.

Article 3

Tout individu a droit à la vie, à la liberté et à la sûreté de sa personne.

Article 4

Nul ne sera tenu en esclavage, ni en servitude; l'esclavage et la traite des esclaves sont interdits sous toutes leurs formes.

Article 5

Nul ne sera soumis à la torture, ni à des peines ou traitements cruels, inhumains ou dégradants.

Article 6

Chacun a le droit à la reconnaissance en tous lieux de sa personnalité juridique.

Article 7

Tous sont égaux devant la loi et ont droit sans distinction à une égale protection de la loi. Tous ont droit à une protection égale contre toute discrimination qui violerait la présente Déclaration et contre toute provocation à une telle discrimination.

Article 8

Toute personne a droit à un recours effectif devant les juridictions nationales compétentes contre les actes violant les droits fondamentaux qui lui sont reconnus par la Constitution ou par la loi.

Article 9

Nul ne peut être arbitrairement arrêté, détenu ni exilé.

Article 10

Toute personne a droit, en pleine égalité, à ce que sa cause soit entendue équitablement et publiquement, par un tribunal indépendant et impartial, qui décidera, soit de ses droits et obligations, soit du bien-fondé de toute accusation en matière pénale dirigée contre elle.

Article 11

1. Toute personne accusée d'un acte délictueux est présumée innocente jusqu'à ce que sa culpabilité ait été légalement établie au cours d'un procès public où toutes les garanties nécessaires à sa défense lui auront été assurées.

2. Nul ne sera condamné pour des actions ou omissions qui, au moment où elles ont été commises, ne constituaient pas un acte délictueux d'après le droit national ou international. De même, il ne sera infligé aucune peine plus forte que celle qui était applicable au moment où l'acte délictueux a été commis.

Article 12

Nul ne sera l'objet d'immixtions arbitraires dans sa vie privée, sa famille, son domicile ou sa correspondance, ni d'atteintes à son honneur et à sa réputation. Toute personne a droit à la protection de la loi contre de telles immixtions ou de telles atteintes.

Article 13

Toute personne a le droit de circuler librement et de choisir sa résidence à l'intérieur d'un État. Toute personne a le droit de quitter tout pays, y compris le sien, et de revenir dans son pays.

Article 14

Devant la persécution, toute personne a le droit de chercher asile et de bénéficier de l'asile en d'autres pays. Ce droit ne peut être invoqué dans le cas de poursuites réellement fondées sur un crime de droit commun ou sur des agissements contraires aux buts et aux principes des Nations Unies.

Article 15

Tout individu a droit à une nationalité. Nul ne peut être arbitrairement privé de sa nationalité, ni du droit de changer de nationalité.

Article 16

À partir de l'âge nubile, l'homme et la femme, sans aucune restriction quant à la race, la nationalité ou la religion, ont le droit de se marier et de fonder une famille. Ils ont des droits égaux au regard du mariage, durant le mariage et lors de sa dissolution. Le mariage ne peut être conclu qu'avec le libre et plein consentement des futurs époux. La famille est l'élément naturel et fondamental de la société et a le droit à la protection de la société et de l'État.

Article 17

Toute personne, aussi bien seule qu'en collectivité, a droit à la propriété. Nul ne peut être arbitrairement privé de sa propriété.

Article 18

Toute personne a droit à la liberté de pensée, de conscience et de religion; ce droit implique la liberté de changer de religion ou de conviction ainsi que la liberté de manifester sa religion ou sa conviction, seule ou en commun, tant en public qu'en privé, par l'enseignement, les pratiques, le culte et l'accomplissement des rites.

ARTICLE 19

Tout individu a droit à la liberté d'opinion et d'expression; ce qui implique le droit de ne pas être inquiété pour ses opinions et celui de chercher, de recevoir et de répandre, sans considération de frontières, les informations et les idées par quelque moyen d'expression que ce soit.

ARTICLE 20

Toute personne a droit à la liberté de réunion et d'association pacifiques. Nul ne peut être obligé de faire partie d'une association.

ARTICLE 21

Toute personne a le droit de prendre part à la direction des affaires publiques de son pays, soit directement, soit par l'intermédiaire de représentants librement choisis. Toute personne a droit à accéder, dans des conditions d'égalité, aux fonctions publiques de son pays. La volonté du peuple est le fondement de l'autorité des pouvoirs publics; cette volonté doit s'exprimer par des élections honnêtes qui doivent avoir lieu périodiquement, au suffrage universel égal et au vote secret ou suivant une procédure équivalente assurant la liberté du vote.

ARTICLE 22

Toute personne, en tant que membre de la société, a le droit à la sécurité sociale; elle est fondée à obtenir la satisfaction des droits économiques, sociaux et culturels indispensables à sa dignité et au libre développement de sa personnalité, grâce à l'effort national et à la coopération internationale, compte tenu de l'organisation et des ressources de chaque pays.

ARTICLE 23

Toute personne a droit au travail, au libre choix de son travail, à des conditions équitables et satisfaisantes de travail et à la protection contre le chômage. Tous ont droit, sans aucune discrimination, à un salaire égal pour un travail égal. Quiconque travaille a le droit à une rémunération équitable et satisfaisante lui assurant, ainsi qu'à sa famille, une existence conforme à la dignité humaine et complétée, s'il y a lieu, par tous autres moyens de protection sociale. Toute personne a le droit de fonder avec d'autres des syndicats et de s'affilier à des syndicats pour la défense de ses intérêts.

Article 24

Toute personne a droit au repos et aux loisirs et notamment à une limitation raisonnable de la durée du travail et à des congés payés périodiques.

Article 25

Toute personne a droit à un niveau de vie suffisant pour assurer sa santé, son bien-être et ceux de sa famille, notamment pour l'alimentation, l'habillement, le logement, les soins médicaux ainsi que pour les services sociaux nécessaires ; elle a droit à la sécurité en cas de chômage, de maladie, d'invalidité, de veuvage, de vieillesse ou dans les autres cas de perte de ses moyens de subsistance par suite de circonstances indépendantes de sa volonté. La maternité et l'enfance ont droit à une aide et à une assistance spéciales. Tous les enfants, qu'ils soient nés dans le mariage ou hors mariage, jouissent de la même protection sociale.

Article 26

Toute personne a droit à l'éducation. L'éducation doit être gratuite, au moins en ce qui concerne l'enseignement élémentaire et fondamental. L'enseignement élémentaire est obligatoire. L'enseignement technique et professionnel doit être généralisé ; l'accès aux études supérieures doit être ouvert en pleine égalité à tous en fonction de leur mérite. L'éducation doit viser au plein épanouissement de la personnalité humaine et au renforcement du respect des Droits de l'Homme et des libertés fondamentales. Elle doit favoriser la compréhension, la tolérance et l'amitié entre toutes les nations et tous les groupes raciaux ou religieux, ainsi que le développement des activités des Nations Unies pour le maintien de la paix. Les parents ont, par priorité, le droit de choisir le genre d'éducation à donner à leurs enfants.

Article 27

Toute personne a le droit de prendre part librement à la vie culturelle de la communauté, de jouir des arts et de participer au progrès scientifique et aux bienfaits qui en résultent. Chacun a droit à la protection des intérêts moraux et matériels découlant de toute production scientifique, littéraire ou artistique dont il est l'auteur.

Article 28

Toute personne a droit à ce que règne, sur le plan social et sur le plan international, un ordre tel que les droits et libertés énoncés dans la présente Déclaration puissent y trouver plein effet.

Article 29

L'individu a des devoirs envers la communauté dans laquelle seule le libre et plein développement de sa personnalité est possible. Dans l'exercice de ses droits et dans la jouissance de ses libertés, chacun n'est soumis qu'aux limitations établies par la loi exclusivement en vue d'assurer la reconnaissance et le respect des droits et libertés d'autrui et afin de satisfaire aux justes exigences de la morale, de l'ordre public et du bien-être général dans une société démocratique. Ces droits et libertés ne pourront, en aucun cas, s'exercer contrairement aux buts et aux principes des Nations Unies.

Article 30

Aucune disposition de la présente Déclaration ne peut être interprétée comme impliquant pour un État, un groupement ou un individu un droit quelconque de se livrer à une activité ou d'accomplir un acte visant à la destruction des droits et libertés qui y sont énoncés.

ANNEXE II

Un texte de René Cassin[1]

La Déclaration universelle des Droits de l'Homme

L'Assemblée générale des Nations Unies n'a pas voulu clore sa session de Paris sans adopter le document en trente articles qui, sur la proposition de la France, est dénommé « Déclaration universelle des Droits de l'Homme ». Quarante-huit délégations ont voté pour, aucune contre, huit se sont abstenues : l'URSS et les cinq Républiques de l'Europe de l'Est, l'Arabie saoudite et l'Afrique du Sud.

Le contenu de la Déclaration universelle est, pour une part, inspiré des anciennes déclarations individualistes, mais il est plus compréhensif et plus moderne. Si l'on imagine un portique à quatre colonnes, on constate que le premier pilier sup-

---

1. Ce texte a été publié dans *Le Monde* du 14 décembre 1948. Il a été republié par ce même journal le 13 décembre 1998.

porte le droit à la vie, à la liberté physique et à la sûreté juridique de la personne; le second forme la base des liens de l'individu avec les groupes (familles, nations), avec les lieux (domicile, circulation) et avec les biens (propriétés); le troisième pilier se rapporte aux facultés spirituelles, aux libertés publiques et aux droits politiques; le quatrième, symétrique du premier, est celui des droits économiques, sociaux et culturels, notamment ceux qui concernent le travail, la sécurité sociale, l'éducation, la vie culturelle.

Le couronnement du portique est fourni par les articles finaux marquant l'interdépendance des droits de l'homme et de l'ordre social ou international, ou posant, en termes concis, les devoirs généraux de l'individu envers la société et les limitations que ses droits et libertés doivent subir pour satisfaire aux justes exigences de l'intérêt général dans une société démocratique.

ANNEXE III

Figures triangulaires

Pour mieux comprendre la « pyramide des normes » selon Kelsen, il est utile de se reporter aux figures ci-dessous. Elles représentent des triangles équilatéraux. Ces figures ont été expliquées dans le texte, pp. 144-146. Nous les donnons ici sans commentaire.

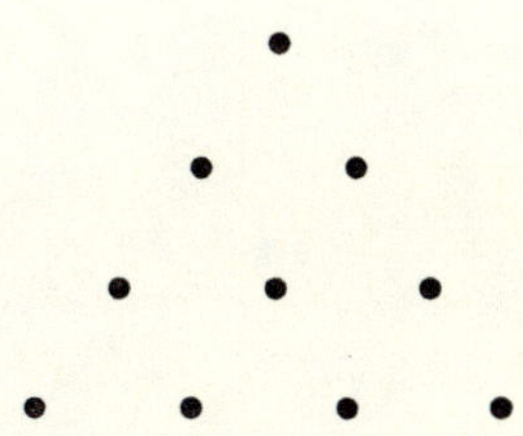

Figure 1. Triangle équilatéral pythagoricien

Figure 2. Logo de la revue *Telex* de l'Université libre de Bruxelles

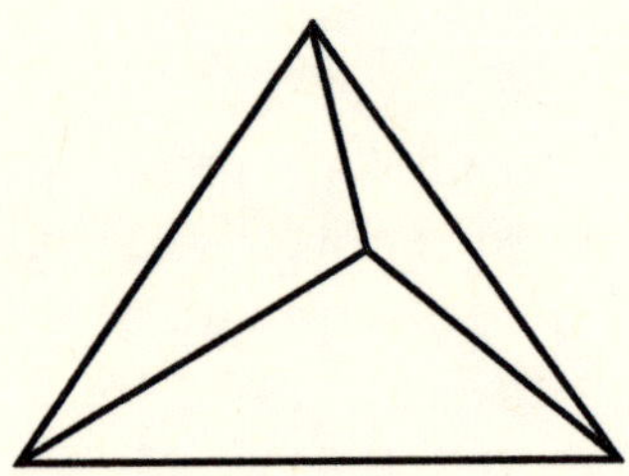

Figure 3. Le tétraèdre

ANNEXE IV

Charte des Droits fondamentaux de l'Union européenne

État du projet au 28 septembre 2000

Charte 4487/00
Convent 50

PRÉAMBULE

Les peuples de l'Europe, en établissant entre eux une union sans cesse plus étroite, ont décidé de partager un avenir pacifique fondé sur des valeurs communes.

Consciente de son patrimoine spirituel et moral, l'Union se fonde sur les valeurs indivisibles et universelles de dignité humaine, de liberté, d'égalité et de solidarité; elle repose sur le principe de la démocratie et le principe de l'État de droit. Elle place la personne au cœur de son action en instituant la citoyenneté de l'Union et en créant un espace de liberté, de sécurité et de justice.

L'Union contribue à la préservation et au développement de ces valeurs communes dans le respect de la diversité des cultures et des traditions des peuples de l'Europe, ainsi que de l'identité nationale des États membres et de l'organisation de leurs pouvoirs publics au niveau national, régional et local; elle cherche à promouvoir un développement équilibré et durable et assure la libre circulation des personnes, des biens, des services et des capitaux, ainsi que la liberté d'établissement.

À cette fin, il est nécessaire, en les rendant plus visibles dans une Charte, de renforcer la protection des droits fondamentaux à la lumière de l'évolution de la société, du progrès social et des développements scientifiques et technologiques.

La présente Charte réaffirme, dans le respect des compétences et des tâches de la Communauté et de l'Union, ainsi que du principe de subsidiarité, les droits qui résultent notamment des traditions constitutionnelles et des obligations internationales communes aux États membres, du traité sur l'Union européenne et des traités communautaires, de la Convention européenne de sauvegarde des droits de l'homme et des libertés fondamentales, des Chartes sociales adoptées par la Communauté et par le Conseil de l'Europe, ainsi que de la jurisprudence de la Cour de justice des Communautés européennes et de la Cour européenne des droits de l'homme.

La jouissance de ces droits entraîne des responsabilités et des devoirs tant à l'égard d'autrui qu'à l'égard de la communauté humaine et des générations futures.

En conséquence, l'Union reconnaît les droits, les libertés et les principes énoncés ci-après.

Chapitre I – Dignité

Article 1

Dignité humaine

La dignité humaine est inviolable. Elle doit être respectée et protégée.

Article 2
Droit à la vie

1. Toute personne a droit à la vie.
2. Nul ne peut être condamné à la peine de mort, ni exécuté.

Article 3
Droit à l'intégrité de la personne

1. Toute personne a droit à son intégrité physique et mentale.

2. Dans le cadre de la médecine et de la biologie, doivent notamment être respectés :
- le consentement libre et éclairé de la personne concernée, selon les modalités définies par la loi,
- l'interdiction des pratiques eugéniques, notamment celles qui ont pour but la sélection des personnes,
- l'interdiction de faire du corps humain et de ses parties, en tant que tels, une source de profit,
- l'interdiction du clonage reproductif des êtres humains.

Article 4
Interdiction de la torture et des peines ou traitements inhumains ou dégradants

Nul ne peut être soumis à la torture, ni à des peines ou traitements inhumains ou dégradants.

Article 5
Interdiction de l'esclavage et du travail forcé

1. Nul ne peut être tenu en esclavage ni en servitude.
2. Nul ne peut être astreint à accomplir un travail forcé ou obligatoire.
3. La traite des êtres humains est interdite.

CHAPITRE II – LIBERTÉS

ARTICLE 6
Droit à la liberté et à la sûreté

Toute personne a droit à la liberté et à la sûreté.

ARTICLE 7
Respect de la vie privée et familiale

Toute personne a droit au respect de sa vie privée et familiale, de son domicile et de ses communications.

ARTICLE 8
Protection des données à caractère personnel

1. Toute personne a droit à la protection des données à caractère personnel la concernant.
2. Ces données doivent être traitées loyalement, à des fins déterminées et sur la base du consentement de la personne concernée ou en vertu d'un autre fondement légitime prévu par la loi. Toute personne a le droit d'accéder aux données collectées la concernant et d'en obtenir la rectification.
3. Le respect de ces règles est soumis au contrôle d'une autorité indépendante.

ARTICLE 9
Droit de se marier et droit de fonder une famille

Le droit de se marier et le droit de fonder une famille sont garantis selon les lois nationales qui en régissent l'exercice.

ARTICLE 10
Liberté de pensée, de conscience et de religion

1. Toute personne a droit à la liberté de pensée, de conscience et de religion. Ce droit implique la liberté de chan-

ger de religion ou de conviction, ainsi que la liberté de manifester sa religion ou sa conviction individuellement ou collectivement, en public ou en privé, par le culte, l'enseignement, les pratiques et l'accomplissement des rites.

2. Le droit à l'objection de conscience est reconnu selon les lois nationales qui en régissent l'exercice.

ARTICLE 11
Liberté d'expression et d'information

1. Toute personne a droit à la liberté d'expression. Ce droit comprend la liberté d'opinion et la liberté de recevoir ou de communiquer des informations ou des idées sans qu'il puisse y avoir ingérence d'autorités publiques et sans considération de frontières.

2. La liberté des médias et leur pluralisme sont respectés.

ARTICLE 12
Liberté de réunion et d'association

1. Toute personne a droit à la liberté de réunion pacifique et à la liberté d'association à tous les niveaux, notamment dans les domaines politique, syndical et civique, ce qui implique le droit de toute personne de fonder avec d'autres des syndicats et de s'y affilier pour la défense de ses intérêts.

2. Les partis politiques au niveau de l'Union contribuent à l'expression de la volonté politique des citoyens de l'Union.

ARTICLE 13
Liberté des arts et des sciences

Les arts et la recherche scientifique sont libres. La liberté académique est respectée.

Article 14
Droit à l'éducation

1. Toute personne a droit à l'éducation, ainsi qu'à l'accès à la formation professionnelle et continue.

2. Ce droit comporte la faculté de suivre gratuitement l'enseignement obligatoire.

3. La liberté de créer des établissements d'enseignement dans le respect des principes démocratiques, ainsi que le droit des parents d'assurer l'éducation et l'enseignement de leurs enfants conformément à leurs convictions religieuses, philosophiques et pédagogiques, sont respectés selon les lois nationales qui en régissent l'exercice.

Article 15
Liberté professionnelle et droit de travailler

1. Toute personne a le droit de travailler et d'exercer une profession librement choisie ou acceptée.

2. Tout citoyen ou toute citoyenne de l'Union a la liberté de chercher un emploi, de travailler, de s'établir ou de fournir des services dans tout État membre.

3. Les ressortissants des pays tiers qui sont autorisés à travailler sur le territoire des États membres ont droit à des conditions de travail équivalentes à celles dont bénéficient les citoyens ou citoyennes de l'Union.

Article 16
Liberté d'entreprise

La liberté d'entreprise est reconnue conformément au droit communautaire et aux législations et pratiques nationales.

ARTICLE 17
Droit de propriété

1. Toute personne a le droit de jouir de la propriété des biens qu'elle a acquis légalement, de les utiliser, d'en disposer et de les léguer. Nul ne peut être privé de sa propriété, si ce n'est pour cause d'utilité publique, dans des cas et conditions prévus par une loi et moyennant en temps utile une juste indemnité pour sa perte. L'usage des biens peut être réglementé par la loi dans la mesure nécessaire à l'intérêt général.

2. La propriété intellectuelle est protégée.

ARTICLE 18
Droit d'asile

Le droit d'asile est garanti dans le respect des règles de la convention de Genève du 28 juillet 1951 et du protocole du 31 janvier 1967 relatifs au statut des réfugiés et conformément au traité instituant la Communauté européenne.

ARTICLE 19
Protection en cas d'éloignement, d'expulsion et d'extradition

1. Les expulsions collectives sont interdites.

2. Nul ne peut être éloigné, expulsé ou extradé vers un État où il existe un risque sérieux qu'il soit soumis à la peine de mort, à la torture ou à d'autres peines ou traitements inhumains ou dégradants.

CHAPITRE III – ÉGALITÉ

ARTICLE 20
Égalité en droit

Toutes les personnes sont égales en droit.

Article 21
Non-discrimination

1. Est interdite, toute discrimination fondée notamment sur le sexe, la race, la couleur, les origines ethniques ou sociales, les caractéristiques génétiques, la langue, la religion ou les convictions, les opinions politiques ou toute autre opinion, l'appartenance à une minorité nationale, la fortune, la naissance, un handicap, l'âge ou l'orientation sexuelle.

2. Dans le domaine d'application du traité instituant la Communauté européenne et du traité sur l'Union européenne, et sans préjudice des dispositions particulières desdits traités, toute discrimination fondée sur la nationalité est interdite.

Article 22
Diversité culturelle, religieuse et linguistique

L'Union respecte la diversité culturelle, religieuse et linguistique.

Article 23
Égalité entre hommes et femmes

L'égalité entre les hommes et les femmes doit être assurée dans tous les domaines, y compris en matière d'emploi, de travail et de rémunération.

Le principe de l'égalité n'empêche pas le maintien ou l'adoption de mesures prévoyant des avantages spécifiques en faveur du sexe sous-représenté.

Article 24
Droits de l'enfant

1. Les enfants ont droit à la protection et aux soins nécessaires à leur bien-être. Ils peuvent exprimer leur opinion librement. Celle-ci est prise en considération pour les sujets qui les concernent, en fonction de leur âge et de leur maturité.

2. Dans tous les actes relatifs aux enfants, qu'ils soient accomplis par des autorités publiques ou des institutions privées, l'intérêt supérieur de l'enfant doit être une considération primordiale.

3. Tout enfant a le droit d'entretenir régulièrement des relations personnelles et des contacts directs avec ses deux parents, sauf si cela est contraire à son intérêt.

Article 25
Droits des personnes âgées

L'Union reconnaît et respecte le droit des personnes âgées à mener une vie digne et indépendante et à participer à la vie sociale et culturelle.

Article 26
Intégration des personnes handicapées

L'Union reconnaît et respecte le droit des personnes handicapées à bénéficier de mesures visant à assurer leur autonomie, leur intégration sociale et professionnelle et leur participation à la vie de la communauté.

Chapitre IV – solidarité

Article 27
Droit à l'information et à la consultation des travailleurs au sein de l'entreprise

Les travailleurs ou leurs représentants doivent se voir garantir, aux niveaux appropriés, une information et une consultation en temps utile, dans les cas et conditions prévus par le droit communautaire et les législations et pratiques nationales.

Article 28
Droit de négociation et d'actions collectives

Les travailleurs et les employeurs, ou leurs organisations respectives, ont, conformément au droit communautaire et aux législations et pratiques nationales, le droit de négocier et de conclure des conventions collectives aux niveaux appropriés et de recourir, en cas de conflits d'intérêts, à des actions collectives pour la défense de leurs intérêts, y compris la grève.

Article 29
Droit d'accès aux services de placement

Toute personne a le droit d'accéder à un service gratuit de placement.

Article 30
Protection en cas de licenciement injustifié

Tout travailleur a droit à une protection contre tout licenciement injustifié, conformément au droit communautaire et aux législations et pratiques nationales.

Article 31
Conditions de travail justes et équitables

1. Tout travailleur a droit à des conditions de travail qui respectent sa santé, sa sécurité et sa dignité.
2. Tout travailleur a droit à une limitation de la durée maximale du travail et à des périodes de repos journalier et hebdomadaire, ainsi qu'à une période annuelle de congés payés.

Article 32
Interdiction du travail des enfants et protection des jeunes au travail

Le travail des enfants est interdit. L'âge minimal d'admission au travail ne peut être inférieur à l'âge auquel cesse la période de scolarité obligatoire, sans préjudice des règles plus favorables aux jeunes et sauf dérogations limitées.

Les jeunes admis au travail doivent bénéficier de conditions de travail adaptées à leur âge et être protégés contre l'exploitation économique ou contre tout travail susceptible de nuire à leur sécurité, à leur santé, à leur développement physique, mental, moral ou social ou de compromettre leur éducation.

Article 33
Vie familiale et vie professionnelle

1. La protection de la famille est assurée sur le plan juridique, économique et social.

2. Afin de pouvoir concilier vie familiale et vie professionnelle, toute personne a le droit d'être protégée contre tout licenciement pour un motif lié à la maternité, ainsi que le droit à un congé de maternité payé et à un congé parental à la suite de la naissance ou de l'adoption d'un enfant.

Article 34
Sécurité sociale et aide sociale

1. L'Union reconnaît et respecte le droit d'accès aux prestations de sécurité sociale et aux services sociaux assurant une protection dans des cas tels que la maternité, la maladie, les accidents du travail, la dépendance ou la vieillesse, ainsi qu'en cas de perte d'emploi, selon les modalités établies par le droit communautaire et les législations et pratiques nationales.

2. Toute personne qui réside et se déplace légalement à l'intérieur de l'Union a droit aux prestations de sécurité sociale

et aux avantages sociaux, conformément au droit communautaire et aux législations et pratiques nationales.

3. Afin de lutter contre l'exclusion sociale et la pauvreté, l'Union reconnaît et respecte le droit à une aide sociale et à une aide au logement destinées à assurer une existence digne à tous ceux qui ne disposent pas de ressources suffisantes, selon les modalités établies par le droit communautaire et les législations et pratiques nationales.

Article 35
Protection de la santé

Toute personne a le droit d'accéder à la prévention en matière de santé et de bénéficier de soins médicaux dans les conditions établies par les législations et pratiques nationales. Un niveau élevé de protection de la santé humaine est assuré dans la définition et la mise en œuvre de toutes les politiques et actions de l'Union.

Article 36
Accès aux services d'intérêt économique général

L'Union reconnaît et respecte l'accès aux services d'intérêt économique général tel qu'il est prévu par les législations et pratiques nationales, conformément au traité instituant la Communauté européenne, afin de promouvoir la cohésion sociale et territoriale de l'Union.

Article 37
Protection de l'environnement

Un niveau élevé de protection de l'environnement et l'amélioration de sa qualité doivent être intégrés dans les politiques de l'Union et assurés conformément au principe du développement durable.

Article 38
Protection des consommateurs

Un niveau élevé de protection des consommateurs est assuré dans les politiques de l'Union.

Chapitre V – citoyenneté

Article 39
Droit de vote et d'éligibilité aux élections au Parlement européen

1. Tout citoyen ou toute citoyenne de l'Union a le droit de vote et d'éligibilité aux élections au Parlement européen dans l'État membre où il ou elle réside, dans les mêmes conditions que les ressortissants de cet État.

2. Les membres du Parlement européen sont élus au suffrage universel direct, libre et secret.

Article 40
Droit de vote et d'éligibilité aux élections municipales

Tout citoyen ou toute citoyenne de l'Union a le droit de vote et d'éligibilité aux élections municipales dans l'État membre où il ou elle réside, dans les mêmes conditions que les ressortissants de cet État.

Article 41
Droit à une bonne administration

1. Toute personne a le droit de voir ses affaires traitées impartialement, équitablement et dans un délai raisonnable par les institutions et organes de l'Union.

2. Ce droit comporte notamment :

– le droit de toute personne d'être entendue avant qu'une

mesure individuelle qui l'affecterait défavorablement ne soit prise à son encontre;

– le droit d'accès de toute personne au dossier qui la concerne, dans le respect des intérêts légitimes de la confidentialité et du secret professionnel et des affaires;

– l'obligation pour l'administration de motiver ses décisions.

3. Toute personne a droit à la réparation par la Communauté des dommages causés par les institutions, ou par leurs agents dans l'exercice de leurs fonctions, conformément aux principes généraux communs aux droits des États membres.

4. Toute personne peut s'adresser aux institutions de l'Union dans une des langues des traités et doit recevoir une réponse dans la même langue.

ARTICLE 42
Droit d'accès aux documents

Tout citoyen ou toute citoyenne de l'Union ou toute personne physique ou morale résidant ou ayant son siège statutaire dans un État membre a un droit d'accès aux documents du Parlement européen, du Conseil et de la Commission.

ARTICLE 43
Médiateur

Tout citoyen ou toute citoyenne de l'Union ou toute personne physique ou morale résidant ou ayant son siège statutaire dans un État membre a le droit de saisir le médiateur de l'Union de cas de mauvaise administration dans l'action des institutions ou organes communautaires, à l'exclusion de la Cour de justice et du Tribunal de première instance dans l'exercice de leurs fonctions juridictionnelles.

Article 44
Droit de pétition

Tout citoyen ou toute citoyenne de l'Union ou toute personne physique ou morale résidant ou ayant son siège statutaire dans un État membre a le droit de pétition devant le Parlement européen.

Article 45
Liberté de circulation et de séjour

1. Tout citoyen ou toute citoyenne de l'Union a le droit de circuler et de séjourner librement sur le territoire des États membres.
2. La liberté de circulation et de séjour peut être accordée, conformément au traité instituant la Communauté européenne, aux ressortissants de pays tiers résidant légalement sur le territoire d'un État membre.

Article 46
Protection diplomatique et consulaire

Tout citoyen de l'Union bénéficie, sur le territoire d'un pays tiers où l'État membre dont il est ressortissant n'est pas représenté, de la protection des autorités diplomatiques et consulaires de tout État membre dans les mêmes conditions que les nationaux de cet État.

Chapitre VI — Justice

Article 47
Droit à un recours effectif et à accéder à un tribunal impartial

Toute personne dont les droits et libertés garantis par le droit de l'Union ont été violés a droit à un recours effectif devant un tribunal dans le respect des conditions prévues au présent article.

Toute personne a droit à ce que sa cause soit entendue équitablement, publiquement et dans un délai raisonnable par un tribunal indépendant et impartial, établi préalablement par la loi.

Toute personne a la possibilité de se faire conseiller, défendre et représenter.

Une aide juridictionnelle est accordée à ceux qui ne disposent pas de ressources suffisantes, dans la mesure où cette aide serait nécessaire pour assurer l'effectivité de l'accès à la justice.

Article 48
Présomption d'innocence et droits de la défense

1. Tout accusé est présumé innocent jusqu'à ce que sa culpabilité ait été légalement établie.
2. Le respect des droits de la défense est garanti à tout accusé.

Article 49
Principes de légalité et de proportionnalité des délits et des peines

1. Nul ne peut être condamné pour une action ou une omission qui, au moment où elle a été commise, ne constituait pas une infraction d'après le droit national ou le droit international. De même, il n'est infligé aucune peine plus forte que celle qui était applicable au moment où l'infraction a été commise. Si, postérieurement à cette infraction, la loi prévoit une peine plus légère, celle-ci doit être appliquée.
2. Le présent article ne porte pas atteinte au jugement et à la punition d'une personne coupable d'une action ou d'une omission qui, au moment où elle a été commise, était criminelle d'après les principes généraux reconnus par l'ensemble des nations.
3. L'intensité des peines ne doit pas être disproportionnée par rapport à l'infraction.

Article 50
Droit à ne pas être jugé ou puni pénalement deux fois pour une même infraction

Nul ne peut être poursuivi ou puni pénalement en raison d'une infraction pour laquelle il a déjà été acquitté ou condamné dans l'Union par un jugement pénal définitif conformément à la loi.

Chapitre VII — Dispositions Générales

Article 51
Champ d'application

1. Les dispositions de la présente Charte s'adressent aux institutions et organes de l'Union dans le respect du principe de subsidiarité, ainsi qu'aux États membres uniquement lorsqu'ils mettent en œuvre le droit de l'Union. En conséquence, ils respectent les droits, observent les principes et en promeuvent l'application, conformément à leurs compétences respectives.

2. La présente Charte ne crée aucune compétence ni aucune tâche nouvelles pour la Communauté et pour l'Union et ne modifie pas les compétences et tâches définies par les traités.

Article 52
Portée des droits garantis

1. Toute limitation de l'exercice des droits et libertés reconnus par la présente Charte doit être prévue par la loi et respecter le contenu essentiel desdits droits et libertés. Dans le respect du principe de proportionnalité, des limitations ne peuvent être apportées que si elles sont nécessaires et répondent effectivement à des objectifs d'intérêt général reconnus par l'Union ou au besoin de protection des droits et libertés d'autrui.

2. Les droits reconnus par la présente Charte qui trouvent leur fondement dans les traités communautaires ou dans le traité sur l'Union européenne s'exercent dans les conditions et limites définies par ceux-ci.

3. Dans la mesure où la présente Charte contient des droits correspondant à des droits garantis par la Convention européenne de sauvegarde des droits de l'homme et des libertés fondamentales, leur sens et leur portée sont les mêmes que ceux que leur confère ladite convention. Cette disposition ne fait pas obstacle à ce que le droit de l'Union accorde une protection plus étendue.

ARTICLE 53
Niveau de protection

Aucune disposition de la présente Charte ne doit être interprétée comme limitant ou portant atteinte aux droits de l'homme et libertés fondamentales reconnus, dans leur champ d'application respectif, par le droit de l'Union, le droit international et les conventions internationales auxquelles sont parties l'Union, la Communauté ou tous les États membres, et notamment la Convention européenne de sauvegarde des droits de l'homme et des libertés fondamentales, ainsi que par les constitutions des États membres.

ARTICLE 54
Interdiction de l'abus de droit

Aucune des dispositions de la présente Charte ne doit être interprétée comme impliquant un droit quelconque de se livrer à une activité ou d'accomplir un acte visant à la destruction des droits ou libertés reconnus dans la présente Charte ou à des limitations plus amples des droits et libertés que celles qui sont prévues par la présente Charte.

Bibliographie

AGAMBEN, Giorgio, *Homo sacer. Le pouvoir souverain et la vie nue*, Paris, Éd. du Seuil, 1997.

AGI, Marc, *Sommaire* de l'*Encyclopédie des droits de l'homme*, Paris-La Défense, Fondation internationale des droits de l'homme – L'Arche de la fraternité, 1997.

ANNAN, Kofi, « Les Droits de l'Homme, trame de notre existence », dans *Le Monde* du 9 décembre 1998.

Baromètre santé-jeunes. 1997-1998, Vanves, Éd. CFES, 1998.

BECKER, Gary S., « Human Capital and Poverty », dans *Familia et Vita* (Rome), I, 2, 1996, pp. 19-25.

— *A Treatise on the Family*, Cambridge, Massachusetts, Harvard University Press, enlarged edition, 1994.

BERNARDIN, Pascal, *L'Empire écologique ou La subversion de l'écologie par le mondialisme*, Drap, Éd. Notre-Dame des Grâces, 1998.

BERTHU, Georges, et SOUCHET, Dominique, *Le Traité d'Amsterdam contre la démocratie. Texte intégral comparé et commenté*, Paris, Éd. François-Xavier de Guibert, 1998.

BETTELHEIM, Bruno, *Les enfants du rêve*, Paris, Éd. Laffont, 1969.

BOCHENSKI, Joseph M. (éd.), *Handbuch des Weltkommunismus*, Fribourg (S.), Éd. Karl Alber, 1958.

BREDEKAMP, Horst, *Thomas Hobbes virtuelle Strategien. Der Leviathan : das Urbild des Modernen Staates*, Berlin, Akademie Verlag, 2000.

BROWN, Lester R. (*et al.*), *The Environmental Trends that are Shaping our Future*, dans *Vital Signs*, New York et Londres, Éd. W.W. Norton, 1997.

CANTARELLA, Eva, *Les peines de mort en Grèce et à Rome. Origines et fonctions des supplices capitaux dans l'Antiquité classique*, Paris, Éd. Albin Michel, 2000.

CASSAN, Hervé, « Le *consensus* dans la pratique des Nations Unies », dans l'*Annuaire français de Droit international* (Paris), 1974, pp. 456-485.

CATALANO, Pierangelo, « La familia "fuente de la historia" según el pensamiento de Giorgio La Pira », dans l'*Osservatore romano* du 9 janvier 1994.

CHAFARÉVITCH, Igor, *Le phénomène socialiste*, Paris, Éd. du Seuil, 1977.

CHRISTIN, Olivier, « Thomas Hobbes à dessein », dans *Le Monde* du 8 septembre 2000.

CICÉRON, *Traité des lois*, publié par Georges de Plinval, Paris, Éd. Les Belles Lettres, 1959.

COMMAILLE, Jacques, *Misères de la famille. Questions d'État*, Paris, Presses de la Fondation des Sciences Politiques, 1996.

Conseil pontifical pour la Famille, *Enchiridion della Famiglia. Documenti magisteriali e pastorali su Famiglia e Vita. 1965-1999*, Bologne, Éd. Dehoniane, 2000.

COOK, Rebecca J. (éd.), *Derechos humanos de la mujer. Perspectivas nacionales e internacionales*, Bogotá, Éd. Profamilia, 1997.

— *La santé des femmes et les droits de l'individu*, Genève, Éd. de l'OMS, 1995.

DELATTRE, Lucas, « La pauvreté dans le monde ou les leçons d'un échec », dans *Le Monde* du 21 juin 2000.

DHERSE, Jean-Loup, et MINGUET, Hugues, *L'Éthique ou le Chaos ?*, Paris, Éd. Presses de la Renaissance, 1998.

DÍAZ CID, Manuel Antonio, *Génesis y Doctrina de la Franmasonería*, Puebla, Éd. Universidad Popular Autónoma, 1990.

DIJON, Xavier, *La réconciliation corporelle. Une éthique du droit médical*, Bruxelles, Éd. Lessius, 1998.

DUMONT, Gérard-François (*et al.*), *Les racines de l'identité européenne*, Paris, Éd. Economica, 1999.

— « L'economia, il bene commune e la famiglia », dans *La Società* (Vérone), 7, 1, 1997, pp. 221-239.

— « Les aspects socio-démographiques de la famille dans le monde », dans *Anthropotes* (Rome), 12, juin 1996, pp. 121-132.

— « La sociologie de la famille dans l'Union européenne », dans *Éthique* (Paris), 21, 1996, pp. 59-75.

— *Pour la liberté familiale*, Paris, PUF, 1986.

DUVERGER, Maurice, *Constitutions et documents politiques*, Paris, PUF, 1964.

FERGUSON, Marilyn, *Les enfants du Verseau. Pour un nouveau paradigme*, Paris, Éd. J'ai lu, 4029/7, rééd. 1995.

FERRY, Luc, *Le nouvel ordre écologique*, Paris, Le Livre de Poche, 13565, 1998.

FILIBECK, Giorgio, *Direitos do Homen : de João XXIII a João Paulo II*, São João do Estoril, Éd. Principia, 2000.

— *I Diritti del'Uomo nell'ensegnamento della Chiesa : da Giovanni XXIII a Giovanni Paolo II (1958-1998)*, Città del Vaticano, Libreria Editrice Vaticana, 1999.

FOULQUIÉ, Paul, *Dictionnaire de la langue philosophique*, Paris, PUF, 1962.

FOYER, Jean, *France, qu'ont-ils fait de ta liberté ?*, Paris, Éd. François-Xavier de Guibert, 1999.

Giorgianni, Virgilio, « Consenso universale », dans l'*Enciclopedia filosofica*, Venise et Rome, Istituto per la Collaborazione culturale, t. I, col. 1195-1197, 1957.

Girard, René, *Je vois Satan tomber comme l'éclair*, Paris, Éd. Grasset, 1999.

— *Quand ces choses commenceront... Entretiens avec Michel Treguer*, Paris, Éd. Arléa, 1994.

— *La violence et le sacré*, Paris, Éd. Grasset, 1972.

Glendon, Mary Ann, *Knowing the Universal Declaration of Human Rights*, texte *pro manuscripto* de 45 pages, sans lieu, 1998.

— *Rights Babel : The Universal Rights Idea at the Dawn of the Third Millenium*, texte *pro manuscripto* de The 1997 McCarthy Conference.

— « Du bon usage de la Constitution américaine », dans *Pierre d'angle* (Aix-en-Provence), 3, 1997, pp. 35-46.

— « La ONU no afronta las razones de la discriminación femenina », dans <semanal1@zenit.org> 25 septembre 2000.

Glucksmann, André, « Impardonnable ONU », dans *L'Express*, n° 2516, 23 septembre 1999, p. 70.

Graham, Anna, « Contraceptive clinics for adolescents », dans l'*IPPF Medical Bulletin* (Londres), juin 1998, pp. 3 s.

Grégoire, Franz, *Études hégéliennes. Les points capitaux du système*, Paris, Éd. Béatrice Nauwelaerts, 1958.

Guillien, Raymond, Vincent, Jean (*et al.*), *Lexique des termes juridiques*, Paris, Éd. Dalloz, 1999.

Habermas, Jürgen, *Théorie de l'agir communicationnel*, Paris, Éd. Fayard, 1987.

Herode, Michel (*et al.*), *Droits humains. Textes de base. 1789-1997*, Bruxelles, Éd. Buch, 1998.

Hureaux, Roland, *Les hauteurs béantes de l'Europe. La dérive idéologique de la construction européenne*, Paris, Éd. François-Xavier de Guibert, 1999.

IMBERT, J. (*et al.*), *La pensée politique des origines à nos jours*, Paris, PUF, 1969.

JEAN PAUL II, *Lettre aux familles à l'occasion de l'Année internationale de la famille*, dans la *Documentation catholique*, n° 2090, 20 mars 1994, pp. 251-277.

JONAS, Hans, *Le principe responsabilité. Une éthique pour la civilisation technologique*, Paris, Éd. du Cerf, 1995.

JULIEN, Philippe, *Le Manteau de Noé. Essai sur la paternité*, Paris, Éd. Desclée de Brouwer, 1991.

KANT, *Fondements de la métaphysique des mœurs*, traduction de Victor Delbos, Paris, Éd. Delagrave, 1959.

— *Projet de Paix perpétuelle*, traduction de J. Gibelin, Paris, Librairie philosophique J. Vrin, 1948.

KELSEN, Hans, *Théorie pure du droit*, traduction de Charles Eisenmann, Paris, LGDJ, 1999.

KOJÈVE, Alexandre, *Introduction à la lecture de Hegel*, Paris, Éd. Gallimard, 1947.

KUHN, Thomas S., *La structure des révolutions scientifiques*, Paris, Éd. Flammarion, réédition de 1995.

KÜNG, Hans (éd.), « A New Global Ethics », dans *Power of Culture. Conference Report*, 2e éd., Éd. Development Cooperation Information Department, Ministère (hollandais) des Affaires étrangères, PO Box 20061, NL 2500 EB La Haye, 1998.

—, (*et al.*), *Manifeste pour une éthique planétaire. La déclaration du Parlement des religions du monde*, Paris, Éd. du Cerf, 1995.

LA CHAPELLE, Philippe DE, *La Déclaration universelle des Droits de l'Homme et le Catholicisme*, Paris, Éd. LGDJ, 1967.

LA METTERIE, *L'homme machine* (1747), Paris, Éd. Mille et une nuits, 2000.

LANVERSIN, Bernard DE, « Dérives dangereuses dans les décisions des grandes Organisations internationales, concernant la vie de l'homme », à paraître dans la *Nouvelle Revue théologique* (Bruxelles), 2000.

LECAILLON, Jean-Didier, « L'importance sociale et économique de la famille », dans *Familia et Vita* (Rome), I, 2, 1996, pp. 26-34.

— *La Famille, source de prospérité*, Paris, Éd. Régnier, 1995.

LÉVI-STRAUSS, Claude, *Les structures élémentaires de la parenté*, La Haye, Éd. Mouton, 1967.

LEVINAS, Emmanuel, *Humanisme de l'autre homme*, Montpellier, Éd. Fata Morgana, 1972.

LLAGUNO, Magaly, et MILLER, James, *Católicas pelo Direito de Decidir sem Máscaras*, Brasília, Éd. Human Life International, 2000.

MARTIN, Claude, *L'après-divorce. Lien familial et vulnérabilité*, Presses universitaires de Rennes, 1997.

MARUCCI, Carl J., *Serving the Human Family. The Holy See at the Major United Nations Conferences*, New York, Éd. The Path to Peace Foundation, 1997.

MCEVOY, James, et FOLLON, Jacques, *Sagesses de l'amitié. Anthropologie de textes philosophiques anciens*, Fribourg (S.), Éd. Universitaires, 1997.

MERLE, Marcel, *Pacifisme et internationalisme. XVIIe-XXe siècles*, Paris, Éd. Armand Colin, 1966.

MOURGEON, Jacques, *Les droits de l'homme*, Paris, PUF, 1978.

NAUDET, Jean-Yves, « Le principe de subsidiarité : ambiguïté d'un concept à la mode », dans le *Journal des Économistes et des Études humaines*, juin-septembre 1992, pp. 319-331.

PÉREZ DE CUELLAR, Javier, « Rapport de la Commission mondiale de la culture et du développement », intitulé *Notre diversité créatrice*, Paris, Éd. de l'UNESCO, 1995.

POLIN, Claude, *Le totalitarisme*, Paris, PUF, 1982.

POSSENTI, Vittorio, « I diritti dell'uomo nella tradizione europea », dans *O Direito*, 3-4, 1990, pp. 487-502.

POZZO, Gianni Maria, article « Pitagora e Pitagorismo », dans l'*Enciclopedia filosofica*, Venise et Rome, Istituto per la Collaborazione culturale, 1957, t. III, col. 1397-1403.

RAWLS, John, *A Theory of Justice*, Oxford University Press, 1972 ; diverses rééditions et traductions.

REVEL, Jean-François, *La grande parade. Essai sur la survie de l'utopie socialiste*, Paris, Éd. Plon, 2000.

ROUSSEL, Louis, *La famille incertaine*, Paris, Éd. Odile Jacob, 1989.

ROUXEL, Jean-Yves, *Le Saint-Siège sur la scène internationale*, Paris, Éd. L'Harmattan, 1998.

SADIK, Nafis, (éd.), *L'état de la population mondiale. 2000*, sous le titre *Vivre ensemble dans des mondes séparés. Hommes et femmes à une époque de changement*, New York, FNUAP, 2000.

SAUVY, Alfred (*et al.*), *La France ridée. Échapper à la logique du déclin*, Paris, Éd. Hachette-Pluriel, 1986.

— (*et al.*), *Démographie politique*, Paris, Éd. Economica, 1982.

SIMON, Julian L., *L'homme, notre dernière chance*, Paris, PUF, 1985.

SINGLY, François DE, *Le soi, le couple et la famille*, Paris, Éd. Nathan, 1996.

SOLJÉNITSYNE, Alexandre, *Discours de Harvard*, dans *L'Express* du 19 au 25 juin 1978, pp. 69-76. (Ce Discours se trouve également dans SOLJÉNITSYNE, *Le Déclin du courage*, Paris, Le Seuil, 1978).

THÉRY, Irène, *Le démariage*, Paris, Éd. Odile Jacob, 1993.

TINCQ, Henri, « Portraits de famille », dans *Le Monde* des 20-24 septembre 1994.

TOCQUEVILLE, Alexis DE, *De la démocratie en Amérique. Souvenirs. L'Ancien Régime et la Révolution*, édition procurée par Jean-Claude Lamberti et Françoise Mélonio, Paris, Éd. Robert Laffont, 1999.

TODD, Emmanuel, *La diversité du monde. Famille et modernité*, Paris, Éd. du Seuil, 1999.

VERDOODT, Albert, *Naissance et signification de la Déclaration universelle des Droits de l'Homme*, Louvain, Éd. Nauwelaerts, 1963.

VINCENT DOUCET-BON, Lise, *Le mariage dans les civilisations anciennes*, Paris, Éd. Albin Michel, 1975.

VOLLMER, Christine DE, *Is « Reinterpretation » Making a Travesty of Human Rights ?*, texte *pro manuscripto* de 8 pages, sans lieu ni date (Washington, 1998).

WALTER, Jean-Jacques, *Les machines totalitaires*, Paris, Éd. Denoël, 1982.

WEBER, Max, *Le Savant et le Politique*, Paris, Éd. Le monde en 10/18, 1959.

Liste des sites électroniques

Les sites sont classés par ordre d'apparition dans le texte.

<http://www.unfpa.org>
<democratie.barbarie@cfwb.be>
<arots@compuserve.com>
www.unsystem.org
Adresse e-mail : <inquiries@un.org>
<http://www.ippf.org> ou <http://www.ippf.org/newsinfo>
<http://www.earthcharter.org>
<http://www.ecouncil.ac.cr>
<http://pagina.de/noticiasdelaonu>
<http://www.earthcharter.org/welcome/intro_fr.htm>
<http://www.hri.ca/uninfo/hrbodies/defender.shtml>
<http://www.unhchr.ch/html/intlinst.htm>
<http://www.lchr.org/lchr/un/defenders.htm>
<http://humanist.net/websites>
<http://www.un.org/womenwatch/daw/followup/beijing+5.htm>
<http://www.un.org/womenwatch/daw/followup/analysis.html>
<http://www.un.org/womenwatch/daw/followup/finalout come.pdf>
<www.c-fam.org> Adresse e-mail : <c-fam@c-fam.org>
<www.providafamilia.org>

<www.hli.org> et <www.vidalhumana.org>
<fundamental.rights@consilium.eu.int>
<http//www.europarl.eu.int.charter/fr/default.htm>
<http://www.un.org.french/millenaire/sg/report/key.htm>
<http://www.un.org.french/millenaire/sg/report/full.htm>
<http://www.ipsdailyjournal.org>
<http://www.nscentre.org/tvmonthly>
<http://untreaty.un.org>
<http://www.thelancet.com/newlancet/current>
<http://www.un.org/french/millenaire/>
<http://www.fao.org>
<http://www.undp.org/dpa/statements/administ.2000/june/29june00.htm>
<http://perso.infonie.be/le.feu/>
fundamental.rights@consilium.eu.int

Index des noms de personnes

Index thématique

Les passages les plus importants sont signalés en caractère gras.

Table des matières

Deuxième partie

VERS LA GOUVERNANCE MONDIALE

Troisième partie

Le dissentiment chrétien

Remerciements

Nous remercions vivement M. Jean-Claude Didelot d'avoir accueilli ce nouvel ouvrage dans le département du Sarment qu'il dirige aux Éditions Fayard. On comprend aisément que cette prestigieuse Maison mette son point d'honneur à servir les droits de l'homme.

Mlle Anne-Marie Libert, inspectrice honoraire de l'Enseignement public de la ville de Liège, ne se lasse pas de naviguer sur internet et nous a fait une fois de plus bénéficier des produits de sa pêche électronique. À son tour, le lecteur pourra en bénéficier en visitant le site <http://perso.infonie.be/le.feu/>

Au Sarment-Fayard, Mlles Emmanuelle Billoteau et Odile Level de Curnieu nous ont fait part de suggestions précieuses. Nous leur exprimons ici toute notre reconnaissance.

Impression réalisée sur CAMERON par

BRODARD & TAUPIN
GROUPE CPI

La Flèche

pour le compte des Éditions Fayard
en avril 2001

Imprimé en France
Dépôt légal : avril 2001
N° d'édition : 11382 – N° d'impression : 7089
ISBN : 2-866-79302-1
35-55-9946-1/03